KB176087

그러니까 인도네시아지!
: 착한 땅, 착한 사람들 이야기

그러니까 안돼시아씨!

김성월 지음

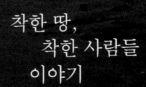
착한 땅,
착한 사람들
이야기

이담
Books

　내가 맨 처음 방송과 인연을 맺은 건 '황인용의 세상사는 이야기'에 출연하기 위해 처음 서울에 갔던 90년대였다. 그 후 '아침의 창'에 출연하고 방송국을 나오면서 나는 문득 방송과 관련된 일이 하고 싶단 생각을 했다. 그런데 98년, IMF 금융위기 때문에 나는 아무런 계획도 가진 것도 없이 그저 바람에 흩날리는 민들레 홀씨처럼 인도네시아로 날아왔다.

　'가서 해 보자, 하면 되겠지.' 스스로 위로하고 다짐하면서 수도 자카르타가 아닌 이름조차 생소했던 소도시 말랑에 도착했다. 산간지역 말랑에서는 비싼 국제전화 외에는 모든 통신이 단절되었었다. 인터넷도 없고 한국방송도 시청할 수 없어 노트에다 매일 일기를 적었다. 그러다 어떻게 연이 닿아 PC방 사업을 하게 되어 인터넷을 원 없이 할 수 있었다. 하나의 연은 다른 연으로 이어진다고 PC방 사업을 하면서 나는 '미디어다음'의 통신원이 되었고 그 후 'KBS 월드넷' 통신원이 되면서 십여 년 전 내

▶ 말랑시 이젠거리(Jalan Ijen)

마음을 스치고 지나갔던 바람대로 방송 일을 시작하게 되었다.

구두 신고 화려한 옷차림으로 시내를 다닐 때보다 청바지에 운동화 신고 오지로 활보할 때가 나는 더 즐거웠다. 오지로 가면 그리운 엄마도, 순수했던 내 유년 시절도 만날 수 있어 깊은 향수를 달랠 수 있었고 그래서 행복했다. 제작진들과 함께 촬영한 프로그램이 방송되는 날이면 나는 부모님께 전화해 꼭 시청하라고 당부했고 시골에 계시는 엄마는 그때마다 마을 사람들과 파전을 여러 장 부쳐 먹으면서 자랑스럽게 시청하셨다고 했다. 그런 나날이 계속되던 어느 날 발리에서 지구촌뉴스를 취재하고 돌아오는 야간버스에서 엄마가 위독하다는 전화 한 통을 받았다. 집에 도착하여 엄마 목소리라도 들어야지 하며 마음을 다잡고 흘러내리는 눈물을 닦았다. 종일 돌아다니며 취재한 후 10시간 동안 버스를 탄 까닭에 먼동이 트는 새벽녘에 집에 도착하니 허리도 아프고 잠은 미칠 듯이 쏟아졌다. 깜빡 잠들었다가 깨어나 병원으로 전화하니 간호사가 나지막한 목

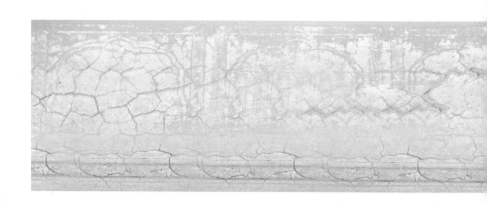

소리로 엄마는 조금 전 영안실로 옮겼다고 전했다. 아버지 돌아가신 소식은 촬영현장에서 받아 제작진 몰래 눈물을 훔칠 수밖에 없었고 가슴 아픈 기억이 떠오를 때마다 눈물을 닦으면서 내가 하는 이 일을 끝까지 사랑하리라고 다짐했다. 그렇게 엄마와 아버지는 밤하늘에 별과 달이 되어 내가 다니는 깊은 산 속 깜뿡^{오지}의 촬영현장을 비추고 나만의 영원한 시청자로 지금도 곁에 계심을 알기에 나는 참으로 행복하다.

　　현장에서 제작진은 최첨단 시대에 걸맞은 카메라로 촬영 후 편집하여 재밌는 프로그램이란 결과물을 제작하였다면 나는 그 화려한 현장 뒤에 숨겨진 잔잔하고 소박한 순간들을 내 눈과 귀로 직접 경험하고 이 책을 세상에 조심스레 내놓는다. 내가 느꼈던 그 감동과 느낌, 남김없이 모두 다 이 책을 잡은 그대에게 전달될 수 있길 바라며……

김성월

Contents

PART 1 볼거리

강물에 떠 있는 채소들

　　반자르마신은 깔리만딴 섬의 남부에 위치하는 중심도시다. 반자르마Banjarmasin에 가면 우선 덥다. 그러나 연말쯤 되어서 가면 더워도 소나기가 내려 주기 때문에 덜 덥다.

　　반자르마신 중심부에 마르따뿌라Martapura 강이 흐르는데 60km로 긴 강이고 큰 용이 강에 내려와 물살을 가르며 다녔다는 전설이 있다. 매년 반자르마신 시의 날에는 주꿍 히아스 페스티벌이 열린다. 주꿍 히아스는 마르따뿌라 강에 수십 척의 배를 문화 장식하여 띄워 놓는 행사로 밤이면 배들이 여러 가지 색깔로 불을 밝힌다.

　　먼동이 틀 무렵 신선한 공기를 마시며 마르따뿌라 강 상류를 거슬러 가면 록바인딴Pasar Terapung Lokbaintan 수상시장을 구경할 수 있다. 바리또 수상시장에는 넓고 큰 배들이 다니지만 록바인딴에는 아주머니들이 땅구이를 머리에 쓰고 저마다 있는 모습이 아름답다. 아주머니들은 아주 작은 배에 채소와 과일, 닭, 생선 등 생활에 필요한 것들을 가져와 물물교환도 하고 일부는 돈으로 사고팔기도 한다.

▶ 강물 위에 떠있는 주꿍 히아스들. 밤에는 불빛까지

▶ 록바인딴 수상시장의 아침풍경

네 가지 색깔의 호수

플로레스 섬

인도네시아의 플로레스 섬은 뱀처럼 생겼다 하여 섬사람들이 누사
니빠(Nusa Nipa)로 불렀다. 16세기경 포르투갈 무역 상인들이 플로레스 라랑
뚜까에 도착해 "짜보 다 플로레스(Cabo da Flores)"라고 말했다. 포르투갈어로 꽃
이란 뜻이며 그 후 네덜란드 선교사에 의해 사용되면서 섬 주민들도 따라
서 플로레스(Flores)라는 이름을 쓰기 시작했다. 플로레스 섬에 사는 리오족
들은 명절이나 행사가 있을 때 뱀처럼 생긴 플로레스 섬을 상징하듯 일자
로 늘어섰다가 뱀이 똬리 트는 모습으로 뱀춤을 춘다.

▶ 뱀춤 추는 뻬모마을 사람들

네 가지 색깔의 호수

　　리오족이 사는 플로레스 섬에는 네 가지 색깔의 호수가 있다. 세 개의 호수는 엔데에 있고 하나는 바자와에 위치한다. 엔데Ende의 모니Moni에 가면 끌리무뚜kelimutu로 갈 수 있다. '끌리Keli 산이고 무뚜Mutu 불에 타다'라는 의미다. 호수 둘은 팔짱 끼듯이 나란히 붙어있고 하나는 조금 떨어져 있다. 호수마다 빛깔도 다르지만 담긴 영혼들도 다르다. 리오족은 조상들의 영혼이 호수에 머물고 있듯이 자신들도 죽으면 영혼은 반드시 끌리무뚜로 간다고 믿고 있다.

▶ Tiwu Nuamuri Kofai / 어린이와 젊은이 영혼이 머문다.

끌리무뚜는 수호신 꼰데라뚜^{konderatu}가 지키고 있다. 뻐모마을 사람들은 끌리무뚜에 살고 있는 걸 아주 자랑스럽게 여겼다. 우리와 함께 끌리무뚜에 갔을 때 안개가 자욱하여 호수가 보이지 않자, 그들은 통성으로 기도했다. "꼰데라뚜! 꼰데라뚜! 안개 때문에 당신이 계신 호수를 볼 수 없습니다. 호수를 볼 수 있게 해 주세요." 여러 번 소리치자 정말로 호수 속에 있는 꼰데라뚜기 기도소리를 늘었는지 바람이 휙 불더니 호수를 덮고 있던 안개가 호수 밖으로 밀려났다. 순간 비취색 호수 표면에는 하얀 햇살이 떨어져 수면들이 일렁거리며 반짝반짝 빛났다.

뻐모마을 촌장은 사람이 죽었을 때 꼰데라뚜가 그의 영혼을 끌리무뚜로 안 받아들이면 그 사람은 죽었다가도 다시 살아난다고 말했다. '예전에 한 노인이 죽은 지 이틀이 지나 사람들이 장례 치르려고 땅을 파고 시체를 넣고 흙을 덮는데 갑자기 노인이 잠에서 깨어나듯 일어났다고 말했다. 그 노인은 그 후에 몇 년을 더 정정하게 살다가 세상을 떠났다'며 이야기를 들려주었다. 다 듣고 나서 내가 '설마?' 하는 눈빛을 띄우니까, 촌장이 마을 사람들의 '우리 조상들의 진실 된 이야기를 너는 왜 안 믿느냐' 식의 눈길들이 내게로 쏠렸다. 나는 이가 빠진 찻잔에 커피를 받아 놓고 마실까 말까 망설이던 참이었는데 '이때다!' 싶어 얼른 한 모금 꿀꺽 삼켰다. 그리고 "아, 그러세요." 하며 그들에게 공감을 진하게 표시해 주었다.

▶ Tiwu Ata Polo / 악한 이의 영혼과 사고당한 영혼들이 머물며, 색깔이 수시로 변한다. 오전에 비취색이던 것이 오후에 초록으로 변하는 걸 볼 수 있었다.

▶Tiwu Ata Bupu / 선한 영혼이 머물며, 예전에는 하얀색이었는데 지금은 초콜릿색이다.

끌리무뚜를 보고 엔데에서 자동차로 반나절 이동해 바자와^{Bajawa}지역의 Inerie산에 가면 붉은 색깔의 호수를 볼 수 있다. 이 호수의 색깔 또한 수시로 변한다. 호수의 빛깔이 붉은색으로 알고 높은 산에 올라갔더니 노란색으로 변해 있었다.

<EBS 세계테마기행> 2011년 11~12월 방송

▶ Gunung Inerie Danau- Bajawa

뗌빼 호수 위의 집들

붕어빵에 붕어가 없듯이 뗌빼 호수에도 뗌빼는 없었다. 뗌빼 호수는 K자 모양의 섬, 술라웨시 와조wajo에 위치한다.

이 뗌빼 호수는 호주-아시아 대륙지각 바로 위에 위치하여 양 대륙 모두에 걸쳐 있다. 그런 이유로 거대한 분지처럼 보이는 호수에는 세계 최대 민물고기 서식지로 다른 곳에서는 볼 수 없는 특이한 어종들도 많이 살고 있다. 호수의 넓이는 13,000헥타르이며 호수 중앙에는 물고기를 기르는 둥근 모양링까린의 물풀들이 수십 개가 있다. 풀뿌리를 먹고 자라는 물고기를 일 년에 한 번씩 수위가 얕아지는 건기 때 수확한다. 수확한 8월에는 큰 행사를 하기도 한다. 링까린마다 주인이 있다. 그곳은 물고기를 기르는 곳이기에 아무나 들어갈 수 없다. 링까린이 없는 사람들은 호수에서 그물로 물고기를 잡는데 미끼로 옥수수 나무를 사용한다.

이른 새벽 뗌빼 호수로 가다 보면 호수주변에 사는 부기스족들을 만난다. 이들은 집들이 때 기둥마다 바나나를 걸어 두는 것이 관습이다.

▶ 호수의 풀뿌리는 물고기들의 먹이

▶ 호수를 보트 타고 다니는 어부

바나나는 잎과 열매 줄기까지 생활에 도움이 되며 버릴 것이 없는 것이라며 그들은 바나나를 상당히 귀히 여긴다. 초등학생들은 나무보트를 타고 등교하며 하얀 새들이 머리 위로 날아다니기도 한다. 샛강 어귀에 새우를 잡으려고 그물 쳐 놓은 곳이 있다. 그물을 살짝 당겨 보면 물속의 작은 새우들이 팔딱팔딱 뛰어다닌다.

뗌빼 호수 안에는 마을이 있다. 대나무를 엮어 호수 위에 집을 지어놓았다. 바람이 불면 집들은 종이배처럼 이리저리 둥둥 떠다닌다. 멀리

▶ 뗌빼 호수 위에 떠 있는 집들은 바람이 불면 물결 따라 움직인다.

떠내려가지 못하도록 집 앞에 말뚝을 박아 놓고 집을 밧줄로 묶어 두었다. 옆집에 갈 일이 있으면 헤엄쳐서 가든지 아니면 나무 보트를 타고 가야 했다. 저녁노을이 호수에 떨어질 때면 잔잔한 물결이 마을을 색칠하기 시작한다. 물위에 떠 있는 집에서 하룻밤 민박하며 노을과 일출을 보는 것도 아주 멋진 여행일 것이다.

▶ 콩이나 팥으로 만든 메주. 주로 튀겨 먹고 국으로도 끓여 먹는다.

<JTBC 리버오딧세이> 2012년 2월 방송

▶ 집을 나설 때는 옆집에 가더라도 보트를 타야만 갈 수 있다.

롬복의 상어시장

롬복에서 2박 3일

'발리와 롬복은 이웃사촌이다' 라고 나는 말하고 싶다. 롬복은 지방언어로 직진이라는 뜻이다. 일모작으로 쌀과 콩을 재배한다. 롬복 국제공항에 도착하자마자 나는 상어가 보고 싶어 딴중루아르 항구로 갔다. 정오가 훌쩍 지나서 수산시장에 도착했더니 몇몇 어부들만 있고 조용했다. 다음 날은 새벽에 시장에 도착했다. 딴중루아르 항구에 드나드는 어선은 약 70척이며 철 따라 잡아들이는 수산물도 다르다. 어부들은 상어를 잡기 위해 롬복에서 배를 타고 1박 2일 동안 숨바와를 거쳐 숨바 앞바다까지 간다. 어부들은 한번 배를 타고 나가면 보름에서 스무날까지 바다에서 생활하다가 항구로 돌아온다.

상어가 많이 잡히는 철은 일 년 중 6, 7, 8월 석 달이다. 그때는 바다의 파도가 강하여 미끼가 바닷물에 일렁이면 상어가 살아 있는 고기로 착각하고 잡아먹다가 그물에 걸린다고 한다. 상어 철에는 날마다 어선들이 잡아오는 상어가 하루에 오십에서 백여 마리씩 되며 그 자리에서 경매가 이루어진다. 경매된 상어는 그 자리에서 해체된다. 꼬리는 꼬리대로 지느러미도 부위별로 분류되어 건조한 후 샥스핀 요리로 제공되며, 간은 따로 모아져 물과 함께 끓여 스쿠알렌으로 만들어진다. 몸통 고기는 잘게 썰어 꼬치구이로 먹으며 껍질은 벗겨 말렸다가 인도네시아 사람들이 후식으로 먹는 튀김꾸루뿍으로 만들어진다. 상어 뼈는 소 사료로 만든다. 상어 열다섯 마리 중 식인상어는 두 마리 정도 잡히며, 좀 더 비싸다.

▶ 낚싯대에 잡혀 온 상어

▶ 땅바닥에 엎드린 가오리들

▶ 상어 지느러미를 싹둑

▶ 가오리 해체작업 중

▶ 상어야, 뒤로 가니까 어지럽지…… 그래도 조금만 참아!

사삭 마을(sasak)

사삭족은 이슬람교이며 마을에 가면 소의 똥과 부드러운 흙을 섞어서 지은 전통가옥을 볼 수 있다. 집의 보온과 곤충을 막기 위해서이기도 하고 그렇게 지으면 재앙을 막아 준다고 믿기 때문이다. 소똥으로 만든 벽은 보름에 한 번씩 물을 부어 손으로 쓸어 주어야 단단해진다. 사삭족은 일부다처제이며 전통결혼은 까윈라리kawin lari라고 한다. 까윈라리는 남자가 여자를 데리고 도망쳐서 결혼승낙을 얻으면 그때야 둘이 함께 집으로 돌아온다. 도망친 남자는 여자를 지인에게 숨겨 두고 여자의 부모를 찾아가 결혼승낙을 부탁한다. 내가 갔던 그날, 지난밤에 남자와 여자가 발리 꾸따로 도망쳤다고 했다. 내일쯤 남자가 여자 집으로 찾아올 것이라고 했고 남자는 두 번째 부인을 맞는 것이라 했다. 여자는 어릴 적부터 베 짜는 기술을 배운다. 베를 짤 수 있어야 결혼을 할 수 있다. 마을에 가면 어린 여자아이들에게 할머니들이 베 짜는 방법을 교육하는 걸 볼 수 있다.

롬복에 가면 꼭 먹어 보라는 아얌딸리왕ayam taliwang이라는 것이 있다. 아얌은 닭이라는 뜻이고 딸리왕은 지역이름이며, 영계로 요리하여 양이 많지 않다. 닭고기를 튀긴 것 같기도 하고 구운 것 같기도 한데 양념을 매콤하게 발라서 먹고 나니 입맛이 개운했다. 아얌딸리왕은 쁠레찡깡꿍plecingkangkung과 함께 먹으면 맛이 조화를 이루어 먹는 즐거움을 느낄 수 있다.

▶ 사삭 마을의 소똥으로 만든 벽은 물을 묻혀 손으로 문질러야 한다.

▶ 아얌딸리왕

▶ 뺄레찡깡꿍

◀ 승기기 해변이 어둠 속
으로

▶ 롬복에서 본 노을은 발리
아궁산 뒤로 숨었다.

마까사르, 뽈만의 무인도

마까사르

    술라웨시 중심도시 마까사르Makassr는 16세기경 동남아에서 향신료 무역항구 센트럴로 활약했던 곳이다. 마까사르 남쪽 해변으로 가면 벤땡 우중 빠당Benteng Ujung Pandang이 있으며 관광지로 각광을 받고 있다.

    이곳은 1545년 고와탈로Gowa-Tallo 왕이 지었지만 네덜란드 식민지시대 때 Fort Rotterdam로 이름이 바뀌었다. Fort Rotterdam은 네덜란드 식민지시대 때 향신료 보관 장소로 사용되었다. 현재는 마까사르에 관한 역사를 담은 박물관으로 관광객들이 많이 찾는 명소이다. 마까사르 남쪽 불루꿈바는 정향Cengkei의 원산지다. 불루꿈바Bulukumba에 가면 원산지답게 집집이 정향나무가 수백 그루씩 있다. 그 지역은 정향나무가 자라기에 기후조건이 아주 좋다고 한다. 그 외 후추와 계피, 코코아, 바닐라 등도 많이 재배한다.

▶ Fort Rotterdam

▶ 반띠무릉 국립공원 앞의 산중턱 바위에 적힌 간판　▶ 반띠무릉 국립공원

　　반띠무릉 국립공원은 술라웨시 섬의 중심도시 마까사르 시내에서 자동차로 두 시간 정도 걸린다. 마로스와 빵껩 두 개 군에 걸쳐 위치하며 공원에는 여러 개의 동굴폭포가 있고 나비서식지도 있다.

　　건기에는 폭포수의 양이 줄어 사람들이 폭포 가까이서 물보라를 맞기도 하며 우기에는 물의 양이 많아 관광객들이 고무 튜브를 타고 폭포수에 들어가 강물에 떠내려가는 걸 즐긴다.

▶ 반띠무릉폭포(Air Terjun Bantimurung)

▶ 돌을 얹어 모양이 반듯하게 펴진 나비들은 액세서리로 만들어져 기념품으로 판매된다.

벽화가 있는 동굴

반띠무릉 공원 근처에 레앙뻐따꺼르 Reang petta kere 가 있다. 미로처럼 놓여 있는 기암들을 지나면 산 절벽에 동굴이 있다. 높이는 해발 40미터로 동굴 입구에는 동물과 손바닥 벽화가 그려져 있으며 동굴 안에는 다락방 동굴이 있다. 다락방 옆에는 멀리 적의 침입을 망보는 곳이 있다.

▶ 동굴 입구에서 밖을 바라본 모습

뽈만시

　술라웨시 서부에 속하는 뽈만Polman에는 아름다운 무인도가 있다.
주로 부부가 작은 배에서 그물을 던져 날치, 갈치 오징어 등을 잡는데 새
벽에 바다로 나가면 그 모습을 볼 수 있다. 배에 타고 싶어 하면 어부들
은 기꺼이 배에 태워 준다. 그들과 함께 그물을 당겨 보면서 일출을 맞이
하는 행복함도 좋다. 해변에는 열대어와 산호, 성게들이 즐비하여 성게를
밟을 위험이 있으니 조심해야 한다.

▶ 뽈만의 무인도. 새벽이 눈뜰 때 꿈을 낚으며 태양을 맞이하는 어부

▶ 태양이 떠오른 아침, 그물을 끌어올리고 있는 모습

　어부들이 잡은 생선을 관광객들은 즉석에서 야자 껍질로 불을 피워 굽는다. 구운 생선에 양념을 얹어 먹으면 맛이 일품이다. 다시 배를 타고 바다와 강이 만나는 강어귀로 가서 맹그로브 속으로 신 나게 달려 본다. 뽈만 시가지를 돌다 보면 사람들이 논둑에서 장어를 잡는 모습을 볼 수 있다. 논둑에 구멍이 나 있어 그 구멍 앞에 다슬기를 미끼로 하여 움직이면 장어가 그걸 먹으려고 밖으로 나오면서 잡힌다.

<JTBC 리버오딧세이> 2012년 2월 방송

바뚜르 호수 건너편 마을

발리 섬에 가면 조상들이 물려준 풍습을 후손들이 구기지 않고 잘이어 가는 전통마을이 많이 있는데, 그런 마을은 대부분 깊숙하게 들어가야 만날 수 있다. '뜨루냔' 마을은 장례풍습이 독특한 전통마을이다. 뜨루냔Terunyan은 따루와 머냔Taru dan Menyan에서 가져온 마을 이름이다. 마을은 긴따마니의 바뚜르Batur 호숫가에 다소곳이 자리 잡고 있다. 그 마을에는 아주 오래되고 엄청난 거목 한 그루가 있다. 그 나무의 향기가 너무 진해서 견딜 수가 없던 마을 사람들은, 그 나무의 향기를 어떻게 할까 고민하다가 죽은 개를 나무 밑에 놓아두었다. 그런데 이상한 일이 일어났다. 여러 날이 지나도 죽은 개는 부패하지도 않고 썩은 냄새도 전혀 나지 않았다. 사람들은 그 나무를 신성한 나무라고 믿으며 그 나무 아래 사람들의 시체를 놔둘 수 있게 해 달라고 신께 기도드렸다. 그때부터 오늘날까지 사람이 죽으면 시체를 나무 아래 두었다고 한다. 뜨루냔의 이런 장례풍습을 그들은 '머빠사Mepasah'라고 한다.

뜨루냔의 무덤은 세 종류가 있다. 와야Wayah, 응우다Nguda, 반따스bantas이다. 와야 무덤은 무병장수한 사람들만 놓아두는 곳인데 시체를 나무 아래 놓아두는 것을 말한다. 응우다 무덤은 어린아이부터 결혼을 하지 않은 젊은이들이 묻히는 곳이다. 반따스 무덤은 교통사고나 자살, 또는 질병으로 목숨을 잃어 제 삶을 다 살지 못한 이들의 무덤이다.

▶ 대나무 속에 든 시체와 제를 올린 용기들

　와야 무덤에는 11구의 시체를 놔둘 수 있다. 위에 5구, 아래 6구를 놔두는데 살아생전에 마을을 위해 공을 세운 분들은 위에 평민들은 아래 두었지만 지금은 모두 나란히 두고 있다. 시체는 땅에서 약 20cm의 높이로 해 두고 주위에 작은 도랑을 파 둔다. 비가 오면 물이 고이지 않고 흘러내리도록 한 것이다. 그리고 시체가 짐승들로부터 훼손되는 걸 막기 위해 대나무를 엮어서 덮어 두는데 이걸 안짝사지Ancaksaji라고 한다. 죽은 이를 땅속에 묻지 않고 바람에 의해 사라지도록 하는 이 풍습, 게다가 시체의 몸은 천으로 감싸고 얼굴은 위로 보이도록 눕혀 둔 이유는, 그들은 죽은 것이 아니라 잠자고 있는 것이라는 믿음에서라고 한다.

　내가 취재를 위해 갔던 그날은 보름 전 세상을 뜬 81세의 할머니가 천에 싸인 채 하늘을 보고 누워 있었다. 그들이 잠자고 있다기에 정말 그런가 해서 그 할머니의 얼굴을 나는 가만히 들여다봤다. 나중에 촬영된 영상을 편집하는데 화면이 조금씩 흔들렸다. 카메라맨이 대나무 사이로 클로즈업하기 위해 렌즈를 갖다 대었더니 시체가 살아서 움직이는 것 같아 무섭고 떨려서 그랬다고 말했다. 나는 인도네시아 살면서부터 그런 말을 들으면 믿어 준다. 뜨루냔 마을은 약 250가구이며 주민은 700여 명 정도 살고 있다. 머리는 북쪽으로 두고 11개 무덤은 리필이 된다. 가장 오래된 유골을 꺼내고 그 자리에 금방 죽은 시체를 넣는다. 아주 오래된 유골은 저절로 없어지고 현재 그곳에 있는 해골은 약 100여 개 정도인데 잘 정리된 해골들은 마치 관광객들에게 인사라도 하는 표정들이었다.

나는 이장에게 관광객들 중에 간혹 나쁜 사람들이 있어 죽은 자들의 패물이나 그 외 것들을 훔쳐간 자가 있는지 물어봤더니 그런 사례가 있었다며 이야길 했다. 독일관광객이 그곳의 해골 하나를 몰래 가져갔다가 다음 날 돌려주었다고 했다. 독일인이 가져간 해골을 호텔방에 두고 잠자는데 밤중에 해골이 마구 움직이더란다. 이에 놀란 독일인은 다음 날 뜨루냔으로 와서 사과를 하며 해골을 돌려주었다고 했다.

다람쥐도 쪼르르 뛰어다니고 산새 소리도 아주 선명하게 잘 들리는 그곳, 왠지 나는 그곳에서 두 세상을 한꺼번에 만나는 느낌이었다. 그 뭐

랄까, 형용하기 힘들면서도 자꾸 설명하고 싶어지는 느낌을 정확하게 묘사해 낼 재주가 지금 나에겐 부족하다. 아참, 뜨루냔에서 들리던 새 소리는 아주 맑으면서도 날카로워 전화벨 소리에 길든 내 둔탁한 청각을 섬세하게 조율하여 주는 듯했다.

▶ 바뚜르 호수에 비친 바뚜르 산

　　뜨루냔에 가려면 바뚜르 호수를 건너야 한다. 관광청에서는 임대 보트의 가격을 공식화해 두었고 행여 뜨루냔 주민들이 관광객들에게 불편함을 끼치는 일이 없도록 당부하고 있었다. 뜨루냔에서 돌아올 때 반대편에 있는 온천을 구경하고 와도 보트비용은 같다. 가급적이면 처음에 보트를 탈 때 이야기를 먼저 하는 것이 좋다. 낀따마니에 갈 때는 오전에 가면 좋은 경치를 볼 수 있지만 오후에 가면 운무가 내려앉아 풍경이 잘 보이지 않는다.

<KBS 지구촌뉴스> 2010년 6월 방송

▶ 뜨루냔으로 데려다 주는 어린 뱃사공

발리의 전통 뻥리뿌란

뻥리뿌란Penglipuran 전통마을은 꾸부면 방일군 바뚜르화산 언저리에 자리 잡고 있다. 마을에는 약 70가구가 살고 있으며 집집이 대문의 높이와 넓이가 똑같다. 마을 전경은 뜨리 만딜라Tri Mandala로 되어 있다. 북쪽에는 힌두 제단이 있으며 동쪽과 서쪽 집이 마주 보고 있다.

대문에서 장정 남자가 허리춤에 손을 얹고 서도 무방한 넓이다. 발리 아녀자들은 광주리를 머리에 이고 다니는 풍습이 있는데 물건을 담은 광주리가 대문을 원활하게 드나들 수 있는 넓이와 높이라고 생각하면 이해가 쉽다. 궁금하면 집의 안방 문을 열어 놓고 실험해 보면 된다. 대문의 지붕은 대나무를 잘라서 만들어 기왓장처럼 덮어 두었는데 내 눈에는 마치 물고기비늘처럼 보였다. 그런 모형을 뻥리뿌란 사람들은 '앙꿀 앙꿀Angkul angkul'이라 말한다.

자, 그럼 집안 전체 구조를 살펴보자. 대문을 들어서면 오른쪽에는 힌두 제단이 있다. 그 제단을 지나면 역시 오른쪽에 부엌이 있으며, 부엌에는 침대가 있는 것이 특징이다. 집안에서 가장 어른의 잠자리다. 왜 어른이 부엌에서 주무실까. 화산 기슭이라 조석으로 기온이 선선하여 아궁이의 온기로 몸을 데우기 위함이다. 부엌에서 뒤로 돌아보면 마루로 된 발라이Balai가 있다. 그곳은 마루처럼 다용도로 사용되는 곳으로 죽은 사람의 시체를 두기도 한다. 뻥리뿌란의 집들은 이웃집과 서로 통할 수 있도록 담을 터 두어야 한다. 윗집에서 아랫집으로 또 아랫집으로 골목길 다니듯 쉽게 다닐 수 있다. 담을 터 두는 이유는 이웃지간에 서로 화목하게 지내며 시기와 질투심을 없애기 위함이란다.

▶ 뺑리뿌란 마을 전경

인도네시아 사람들은 문신에 대한 거부감이 없으며 발리 사람들은 더더욱 그렇다. 그러나 뺑리뿌란 주민들, 특히 젊은이들은 몸에 문신을 새기면 안 된다고 정해져 있다. 마을에 잡상인의 출입을 금지하며 마을 분위기는 항상 정숙하고 깔끔하게 정리된 마을이다.

그들은 자녀들 이름의 순서를 미리 정해 두었다. 첫째 이완Iwan, 둘째 능아Nengah, 셋째 뇨만Nyoman, 넷째 끄뚠Ketut. 이름만 들어도 형제 중 몇 번째라는 걸 알 수 있다. 그렇다면 다섯 명을 낳으면 어떻게 될까. 다섯 번째는 첫 번째 이름을 사용하고 여섯 번째는 두 번째, 이런 식으로 이름을 짓는다. 뺑리뿌란 마을은 발리의 전통문화를 단면적으로 가장 잘 볼 수 있는 곳이다. 특히 반년마다 다가오는 갈룽안galungan 때 가면 집집이 대문 앞에 아름답게 장식된 뻰조르가 세워져 있다. 뻰조르에는 의식주의 뜻이 담겨 있다. 긴 막대기는 집, 야자 잎은 옷을 뜻하며, 잘 익은 벼는 음식을 뜻한다. 발리에 가면 꼭 가 볼 만한 곳으로 추천하고 싶다.

<KBS 지구촌뉴스> 2010년 6월 방송

▶ 발리힌두 행사가 있을 때마다 사용하는 뻰조르

화산 브로모의 속삭임

"오늘은 가자!

마음속에 묻어 둔 말을 연기로 술술 풀어내는 브로모로 가자!"

브로모 산은 갈 때마다 누구와 함께 갔다는 것도 기억을 하지만 언제나 새로운 것을 보고 느낀다. 브로모는 자와 섬 동부에 위치하고 수라바야나 말랑에서는 프로볼링고probolinggo를 거쳐 가면 브로모에 도착한다. 말랑에서는 한 가지 방법이 더 있다. 빠끼스를 거쳐 떵거르족이 사는 산등성이를 지나 브로모로 가도 된다. 후자로 가면 산등성이에서 나무 위로 뛰어다니며 노는 노란색과 까만색 원숭이들을 만날 수 있다. 또 산 아래 절경과 폭포도 볼 수 있으며 사바나sabana에 도착한다. 사바나는 분화구 뒤편인데 고사리들이 빼곡하고 키 작은 갈대들이 만든 넓은 초원이다. 말을 타고 초원을 달리는 것도 멋이지만 자동차로 달리는 그 맛도 경쾌하다. 창문을 열어 손을 밖으로 내밀면 갈대들이 손바닥에 스친다. 갈대들이 바람과 일렁이면서 손바닥을 간질간질해 주는 그 짜릿함은 사랑하는 사람과 처음으로 손잡을 때 느낌보다 무디지는 않을 것이다. 사바나를 지나 모래사막에 도착하면 지프와 말들이 다니고 유황연기가 피어오르는 분화구가 보인다.

브로모를 바라보며 먹는 바소는 그 여느 때보다 맛있다. 바소를 먹고 분화구로 가려고 지프를 탔다. 초원이라면 걷고 싶지만 모래사막은 왠지 황량함이 깔린 것 같아 후다닥 지나가고 싶어 말을 탔다. 말에서 내려 약 이백오십 개의 계단을 올라갔다. 숨을 헐떡거리며 올라가는데 어느 여행사에서 '천국으로 가는 계단'이라 광고하는 문구가 얼핏 보인다. 그 문구처럼 정말 천국 가는 길이 이렇게 수월하다면 삶의 무게가 나를 짓누르거나, 하다만 사랑의 그리움에 질척일 때마다 나는 브로모를 선택할 것이다. 잿빛분화구는 황량하고 삭막해 보이나 마음을 열고 귀를 기울이면 속삭이는 언어를 들을 수 있다. 그 속삭임의 숨결은 아침과 저녁이 다르다. 아침 연기는 그 무엇인가를 술술 토해 내는 모습이며 정오가 조금 기운 때부터는 한 모금씩 후후 불어 낸다. 옆에서 한 꼬마 녀석이 자꾸 한 묶음의 꽃을 거꾸로 들고 사 달라고 한다.

"이 에델바이스를 사서 브로모에 던지면 행운이 찾아와요."

다음 날 일출을 보기 위해 뻐난자깐^{2,650m}으로 갔다. 5월의 일출은 특별히 멋있다. 하지만 분화구를 둘러싼 산이 높아서 이른 새벽에는 춥다. 나는 호텔에서 얇은 담요를 빌려 왔다. 담요를 뒤집어쓰고 일출을 기다리는데 옛 친구 둘이 떠오른다. 그들은 노처녀였다. 밀레니엄 해 첫 태양을 바라보면서 지금 사귀는 사람과의 결혼을 빌겠다며 다녀갔다. 그 후 소식을 들으니 잘 되어 가던 사귐이 이곳에 다녀간 후 오히려 깨어졌다고 한다. 이곳에 한 달가량 있으면서 통신사정이 좋지 않아 연락을 자주 못한 탓이었다고 했다. 그때 우리는 오들오들 떨며 컵라면으로 추위를 덜었다.

벌써 십여 년 전의 일이었지만 그때 그 언어들이 아직도 풀잎에도 나뭇가지에도 남아 있었다. 뻐난자깐에서 보는 밤하늘의 별들은 초롱초롱하다. 손을 뻗으면 사과를 따듯 쉽게 딸 것만 같다. 아니 손으로 밤하늘을 휘저어 버리고 싶다. 그러면 젖은 손에 모래가 묻듯이 별들이 내 손에 묻을 것만 같다. 저렇게 찬란한 '별과 달'이 내 이름이라니 기분이 좋아 풀쩍 뛰어 보다가 넘어졌다. 그래도 안 아팠다. 널찍한 산 정상에는 대부분이 서양인들로 빼곡했다. 둥그런 해가 멀쑥한 얼굴을 쑤욱 내밀자, "원더풀! 원더풀! 원더풀!" 카메라 플래시와 함께 함성이 터져 나왔다. 환하게 웃으며 떠오르는 태양을 보니 내 전신은 어질어질한 쾌감 속에서 헤매는 느낌이다. 내가 시인이라면 가슴에서 떠오르는 시상을 한 편의 시로 남겼을 터인데. 이것저것 뜯들이고 맞춤법 수정하다 보니 세상은 이미 하나둘씩 드러났다. 벌써 몇 번째였던가, 나는 또 숙맥같이 그냥 그렇게 서 있었다. 너절한 말들을 캡슐에 담아내는 시인들이 참 멋스럽게 느껴진다. 시인을 만나면 나는 우선 악수를 청하고 싶다. 그리고는 브로모의 속삭임과 이별을 참지 못해 눈물 어린 눈동자 같은 일출을 권하고 싶다. 스무 번 이상 브로모에 가 본 내 경험으로 말하자면, 일출을 보려면 오월에 가라, 그러면 우물에 빠진 보름달이 찰랑 찰랑거리는 태양뿐만 아니라 밤새 내려온 구름이 분화구를 에워싸고 있는 모습을 볼 수 있다고 덧붙여 말해 주고 싶다.

<KBS VJ특공대> 2012년 4월 방송

▶ 2007년 9월. 아침 햇살이 비춰진 브로모

▶ 2008년 5월. 이른 새벽의 브로모

▶ 2008년 7월 새벽. 사막 한가운데 구름 속의 떵거르 마부

▶ 2008년 9월의 일출 직후 빼낙자깐에서

▶ 2009년 10월의 오전 브로모의 모습

▶ 2009년 12월, 사막에서 분화구를 본 모습

▶ 2009년 12월, 분화구에서 내려다본 모습

▶ 2012년, 분화구의 에델바이스를 줍는 사람들

▶ 2012년 4월, 라디오 들으며 에델바이스 판매

세람 섬의 나울루족

암본 섬에서 배를 타고 한 시간가량 가면 세람Seram 섬이다. 세람 섬 해변도로를 한 시간가량 달려 나울루족Naulu 마을에 도착했다. 마을 앞은 바다요 뒤편은 산이 병풍처럼 쌓여 있었고 때마침 점심때라서 나울루족 들에게 식사 대접을 받았다. 나무탁자 위에 아무리 찾아도 밥은 없고 희멀건 풀죽(?) 같은 것이 있었다. 그들의 주식인 빠뻬다Papeda였다. 빠뻬다 는 사구나무를 잘게 썬 톱밥을 물에 가라앉혀 얻은 가루에 뜨거운 물을 부어 저으면 가루가 익어 풀 쑤어 놓은 것 같은 음식이다. 사구는 끈끈하 고 미끈거려 밥주걱이나 국자로는 뜰 수가 없고 나무젓가락으로 둘둘 말 아 접시에 담아 주었다. 접시에 담긴 것 역시 한 숟가락씩 떠먹을 수가 없 다. 입에 들어가면 씹을 새도 없이 목구멍으로 스르르 넘어가 버렸다. 재 미있어 어떤 맛인가 한 번 더 후루룩 그러다가 한 접시 다 비웠다.

▶ 야자를 갈고 있는 엄마

▶ 사구나무 빠뻬다

▶ 점심. 엄마를 기다리는 칠 남매들

이웃집 지붕이 서로 맞물리도록 붙어 있는 집들, 집집이 알록달록한 빨래를 지붕에다 널어놓았는데 아이들 옷뿐이었다. 한 집에 보통 아이들이 여섯에서 열 명씩이었다. 반찬도 없이 사구 한 양푼 놓고 둘러앉아 엄마가 퍼 줄 때까지 기다리는 아이들, 이웃집 아이들도 마찬가지였다. 풍부한 것이라곤 뜨거운 햇살뿐인 그곳 아이들이 얼마나 군것질이 하고 싶었으면 풋과일을 소금에 찍어 먹고 있었을까. 나도 어릴 적 시골에서 떫은 감을 소금에 찍어 먹은 경험이 있다. 추억을 되새기는 마음으로 아이들이 먹는 과일을 소금에 찍어 먹었다. 한입 베어 물자 감보다는 물기가 없는 모과를 깨물었다는 표현이 더 맛깔스러울 것 같다.

그들은 주로 야자를 팔아 생계를 유지한다. 야자를 따서 껍질 속의 과육을 썰어 말린다. 건조된 야자 과육들은 배를 타고 식용유가 되기 위해 먼 도시의 공장으로 팔려 간다. 아주머니들은 야자로 식용유를 아주 간단하게 만들었다. 야자를 갈아 빛깔을 위해 파파야 잎을 넣고 냄비에 넣고 끓인 후 건더기를 건져 내면 물이 바로 식용유였다. 식용유를 쉽게 만드는 건 참 좋은 일이다. 그러나 과자대용으로 식용유에 튀겨 먹을 감자나 고구마가 없어 풋과일을 소금에 찍어 먹어야 한다는 건 내가 먹어 봐서 아는데 아이들에게 떫은 추억일 수도 있다.

▶ 사구나무 앞에서 활짝 웃는 나울루족

나울루족의 성인식

성인이 되는 날 소녀는 어머니가 목욕을 시켜 준다. 목욕 후 처음으로 브래지어를 착용함으로써 처녀로 변신한다. 얼굴에는 꾸니르^{강황}를 발라 피부를 보드랍고 윤기 있게 해 주며 화장하는 법도 배운다. 소년은 아버지와 계곡으로 가서 목욕을 한다. 활쏘기를 해서 가족을 부양할 수 있는지를 실험받으며 청년으로 인정받는다. 활쏘기를 하였을 때 실력이 부속하면 더 열심히 배우라는 격려를 받고 잘하면 박수를 받는다. 코를 질질 흘리던 나울루족 아이들, 그러나 세상에서 신부가 가장 아름답듯이 성인식 날만큼은 멋쟁이였다.

<JTBC 리버오딧세이> 2012년 2월 방송

▶ 딸아이 성인식에는 엄마가 목욕을 시켜 준다.

▶ 남자 성인식 때 활쏘기

▶ 암본 섬에서 세람 섬으로 가다 만난 바다

아름다운 리엽바다 제(祭)

　　동부자와 말랑 시내에서 차 타고 사탕수수밭과 티크나무숲을 지나 2시간 가면 해마다 바다 제가 열리는 리엽이다. 바다 제를 보기 위해 갔는데 파도가 출렁거리고 썰물 때 조개, 성게, 굴들을 얻을 수 있다면 일석이조다.

　　리엽사람들은 자와 달력으로 마울룬2월에 동물의 머리를 제물로 바다에 빠뜨린다. 이 전통은 1913년경 솔로지역의 마타람 사람들이 살고 있었는데 그 당시 마을에 전염병이 돌았다. 마을 사람들이 아침나절에 돌림병 걸리면 저녁녘에 죽어나갔다. 어떻게 해야 할지 방도가 없고 날마다 마을에는 들려오는 소리는 곡소리뿐이었다. 그러던 중 마을의 한 노인이 신께 간절히 기도하여 응답을 얻었다. 그 기도의 응답대로 마을 앞 바다에 염소, 닭, 곡식들을 제물로 바친 후 마을 사람들은 병이 더 이상 걸리

▶ 바다에 제물을 던지려는 순간

지 않고 걸린 사람의 병도 나았다. 돌림병이 나았던 그 일을 기념하기 위해 마을론달에 리엽 제를 지내던 일이 오늘날까지 계승되고 있다.

바다 제 전날은 밤새도록 '와양꿀릿^{그림자 인형극}'을 공연한다. 다음 날 아침 남자들은 마을의 장로^{長老} 집에 모여 소, 염소, 닭 등을 잡아 요리를 시작한다. 리엽제 있는 날은 여자들의 부엌출입을 금지한다. 예로부터 남자들만 금식을 하면서 음식을 만들어 왔기 때문이다. 과거 남자들이 음식 만드는 것을 안쓰럽게 생각한 한 여자가 부엌에 들어와 거들었는데 그날 하루 종일 음식들이 익혀지지 않아 오후 늦게야 겨우 완성한 음식을 가지고 제를 지낼 수 있었다고 한다. 또 한 번은 단순히 거들어 주기 위해 한 여인이 부엌에 발을 들였다가 하루 종일 폭우가 쏟아져 하마터면 제를 못 지낼 뻔했던 적도 있다고 한다. 그때부터 여자들의 부엌 출입은 일절 금지되었다고 한다. 하오의 햇살이 머리에 닿으면 사람들은 바다 앞에서 의식을 시작한다. 여자들이 절구통에 절구방망이로 찧고 나면 남자들은 구눙꿈방^{Gunung Kumbang}이라는 높은 절벽으로 올라가 건강과 안녕을 기원하며 준비해왔던 동물들의 머리와 가죽을 제물 삼아 바다로 빠뜨렸다. 그리고 그렇게 버려진 제물들을 바다가 파도를 통해 다시 토해내기만을 기다리는 사람들이 해변에 잔뜩 모여 있었다.

그 의식이 끝나면 마을로 돌아와 아침에 만든 음식을 함께 나눠 먹는다. 비닐봉지가 흔한 이 시대에 리엽사람들은 밥과 고기를 자띠나무 이파리에 담았다. 마을의 대표 한 사람이 장부를 들고 이름을 불러 체크한

▶ 나뭇잎에 담아 놓은 건두리안(음식)

후 밥과 고기가 담긴 나무이파리를 하나씩 받았다. 이렇게 나누는 음식을 건두리라 한다. 건두리는 그 자리에서 먹지 않고 집으로 가져간다. 집에 가져가서도 한꺼번에 다 먹지 않고 두고두고 먹으며 밥을 밥으로 생각하지 않고 약으로 생각하며 먹는다. 우리 조상들이 말하던 '밥이 보약'이란 말이 딱 어울리는 것 같다. 전국을 다녀보았지만 리엽촌장의 친절이 유난히 고마워 기억에 또렷하게 남는다.

촌장의 친절도 잊기 쉽지 않지만 나를 아주 이상한 사람으로 바리보던 아주머니늘이 유난히 기억난다. 바위에 더덕더덕 붙어 있는 굴을 따 바닷물에 씻어 맛보았더니 아주머니가 옆에 있는 사람을 불러 나를 가리키며 뭐라 뭐라 했다. 나는 그러거나 말거나 맛있는 굴을 하나 더 따먹었다. 그걸 보던 다른 아주머니가 "오 알라신이여!" 저런 걸 다 먹는 거지인가 하는 식으로 나를 바라보았다. 날것을 거의 먹지 않는 인도네시아 사람들에게 나는 이상한 사람으로 취급되었던 기억이 글을 쓰는 이 순간에도 킥킥 웃음이 나온다. 리엽 바다에 가면 연인들이 좋아하는 입맞춤하는 바위가 있어 멋있다.

<KBS 지구촌뉴스> 2009년 3월 방송

▶ 연인들이 좋아하는 입맞춤하는 바위

▶ 썰물이 되자 해산물 줍는 사람들

▶ 리엽 제 구경 온 사람들

암본 시내 관광지

밤부길라

"밤부길라" 도대체 무슨 말일까?

인도네시아 말로 '밤부bambu는 대나무, 길라gila는 미치다'는 뜻이다. 그럼 대나무가 미쳤다?

암본 섬 술리suli에 가면 조상대대로 전수받았다며 밤부길라 하는 빠왕신과 내통하는 사람이 있다. 빠왕은 대나무 숲으로 가서 대나무에 기름을 바르고 빨간색 띠를 묶어 둔 후 기도를 하고 대나무를 벤다. 대나무는 약 2.8미터 정도 길이로 자른 대나무 막대기를 해변으로 가져와 일곱 사람이 대나무를 팔로 끌어안는다. 넓은 해변에서 빠왕은 야자로 만든 통에 머냔향을 피우고 만트라를 여러 번 외운다. 머냔을 피우는 건 조상들의 혼을 부르는 의식이며 불러들인 그 혼을 대나무 막대기로 불어 넣어 대나무에서 강한 힘이 작용하도록 한다. 빠왕이 "밤부길라"라고 여러 번 외치면 대나무는 흔들리기 시작한다. 흔들리는 대나무를 붙잡은 일곱 사람은 아무리 가만있으려고 해도 이리저리 대나무가 움직이는 대로 따라 뛰어다니게 된다. 이 흔들림은 점점 더 강하게 움직이며 대나무를 놓고 헤어나고 싶어도 그 순간만은 마음처럼 그렇게 하지 못한다.

나는 밤부길라를 직접 할 용기가 없어 대나무가 멈춘 후 팔로 안으면서 잠시 사진을 찍었지만 뭔가 일반 대나무와 다른 느낌이었다. 관광객들이 이 신비한 밤부길라를 직접 체험해 볼 수 있는 즐거운 전통 놀이문화다.

<JTBC 리버오딧세이> 2012년 2월 방송

▶ 사람들이 밥부길라가 되어 바닷물로 들어가고 있다.

초대형 뱀장어

암본의 와아이Waai에 가면 초대형 모레아Morea 뱀장어가 살고 있다. 초대형 뱀장어는 빠왕이 강물 속으로 들어가 손가락으로 물을 튕기면 그 소리를 듣고 강둑 아래서 슬슬 강으로 헤엄쳐 나온다. 뱀장어는 빠왕이 오랫동안 키워 왔으며 누구나 다 부를 수 있는 것이 아니고 빠왕이 부르면 그때야 나온다. 관광객들은 초대형 뱀장어를 보러 많이 몰려든다. 뱀장어는 날달걀뿐만 아니라 생선내장도 잘 먹었다. 뱀장어가 사는 강물은 땅에서 솟아오르는 샘물이라 물이 맑다. 그 강물은 동네아주머니들의 공동빨래터이기도 하다. 그들이 세제를 사용해도 뱀장어는 끄떡없이 잘 자라고 있다.

▶ 초대형 뱀장어에게 날달걀을 먹이는 종

▶ 뱀장어가 사는 곳에서 이렇게 빨래를 해도 뱀장어는 건강해

▶ 맑은 강물에서 목욕하는 모녀

뻰뚜꼬따

    암본 시내에서 자동차로 30여 분 가면 라뚜할랏^{Latuhalat}에 위치한 뻰뚜꼬따에 도착한다. 뻰뚜꼬따^{Pintu Kota}는 '도시의 문'이라는 뜻이다. 나지막한 산이 툭 튀어나와 해변에 자리 잡고 있고, 그 아래 사각형 문이 있다. 그 문으로 먼바다에서 불어오는 솔바람을 느낄 수 있으며 바닷물도 들락날락한다. 뻰뚜꼬따 앞에 앉아 있으면 바다의 아름다움이 파도를 타고 내게로 다가오는 것 같다. 그리고 먼바다로 내 마음을 보낼 수도 있어 가슴이 뚫리는 것 같았다.

▶ 뻰뚜꼬따(pintu kota)

나스빠 해변(Pantai Natspa)

　암본의 해변들은 물이 맑고 조용한 곳이 많다. 그중에 나스빠 해변은 암본에서 가장 유명한 해변으로 손꼽힌다. 해변에 깔린 모래 역시 하얀색으로 바닷물이 찰랑거릴 때마다 모래가 속삭이는 듯하다. 물이 맑아 물속의 물고기들이 노니는 것이 훤히 들여다보인다. 작은 나무보트를 빌려 탈 수 있으며 바다로 들어가서 수초와 여러 가지를 볼 수 있어 참 좋다. 수영복이나 물안경이 있으면 더욱더 즐거운 시간이 될 것이다. 해변의 나무 아래서 암본의 달콤한 과일들을 썰어 고소한 소스를 얹어 만든 루작을 먹으면 분위기가 더 좋을 것이다.

▶ 물이 맑고 깨끗하며 조용한 해변

독립영웅기념비

마르따 크리스티나 띠하우Martha christina tiahahu는 인도네시아가 네덜란드 식민지로 있을 때의 독립운동 영웅이다. 그는 당시 17세 소녀로 말루꾸Maluku에서 독립운동을 하였으며 그의 동상이 있다. 동상이 있는 곳에 서면 암본 시내를 한눈에 볼 수 있으며 특히 일몰의 아름다움을 만끽할 수 있다.

▶ Martha christina tiahahu

인도네시아 최초의 이슬람사원(Mesjid Wapauwe)

인도네시아 하면 이슬람교를 떠올리며 이슬람국가인 줄로 알고 있는 사람들이 많다. 인도네시아는 이슬람국가가 아니다. 국민들 중에 이슬람교인들이 많은 것뿐이다. 최초의 이슬람사원Mesjid Wapauwe이 말루꾸 주 암본Ambon Kaitetu 마을에 보존되어 있으며 이슬람사원을 지키며 예배드리는 신자들을 만날 수 있다. 이슬람교가 인도네시아로 전파된 계기는 1414년 아랍상인들이 향신료무역을 하면서부터였다. 그때 알하훌루Alahahulu가 와와너Wawane에 이슬람사원을 세웠다. 그 후 1614년 이맘 리잘리Imam Rijali에 의해 GKM 뜨할라Tehala로 이전되었다. 1664년에 아떼뚜 정부로부터 사원에 필요한 도구들을 지원받았다. 이 사원은 나무에 못을 전혀 사용하지 않고 만든 것이 특징이다.

▶ 이슬람사원(Mesjid Wapauwe) 정문

인도네시아 최초의 교회(Gereja Tua Hila)

　　가장 오래된 교회 역시 암본에 있다. 1526년 포르투갈 상인들이 성당을 세웠지만 포르투갈인들이 물러가면서 네덜란드가 지배하게 되었고 성당이 교회로 바뀌어 지금까지 전해지고 있다. 가장 오래된 교회 임마누엘은 힐라에 위치해 있으며, 1999년 종교전쟁 때 불에 타고 부서진 걸 수리하였지만 예배를 드리거나 교회로 사용하지는 않고 보존만 되고 있다. 종탑은 상하지 않고 예전의 모습 그대로이다. 태어나서 가장 오래된 교회에 들어가 기도했던 기쁨이 지금도 내 가슴 한구석에 자리 잡고 있다.

▶ 교회 정문

암스터르담(Amsterdam)

암스터르담은 포르투갈 사람들이 지었다. 암본은 향신료 무역항구의 중요한 역할을 했을 뿐만 아니라 네덜란드가 들어오면서부터 암스터르담은 향신료 보관장소로 사용되었다.

<JTBC 리버오디세이> 2012년 2월 방송

향기로운 물과 유황광산

바뉴왕이는 자와 섬 동쪽 끄트머리에 자리 잡고 있으며 발리 섬과 자와 섬의 꺽쇠 역할을 한다. 자와어로 바뉴왕이 ^Banyuwangi^의 바뉴는 물, 왕이는 향수, 즉 '향기로운 물'이라는 뜻이다.

멋있는 왕과 아름다운 왕비는 서로 아껴 주고 사랑하였다. 어느 날 왕은 신하들을 데리고 숲으로 사슴 사냥하러 갔다가 오랜 후에 궁전으로 돌아왔다. 왕이 돌아왔을 때 왕비의 얼굴에는 행복함이 가득했다. 마침 이웃나라 왕이 그 궁전에 와 있었다. 왕이 손님으로 온 이웃 나라 왕을 만나려고 가는데, 갑자기 이웃 나라 왕과 왕비가 아주 재미있게 이야기하는 소리를 듣고, 왕비와 이웃 나라 왕이 서로 좋아하는 사이라고 생각하여 질투와 분노가 가득하였다. 왕비가 아무리 아니라고 진실을 설명해도 왕은 믿지 않았다.

▶ 이른 새벽 광산으로 가면 안갯속에 서 있는 괴목을 볼 수 있다.

결국 왕비는 "내가 만약 강물에 뛰어들었을 때 강물에서 독한 냄새가 나면 왕의 주장이 옳은 것이고, 향기가 나면 내가 결백한 것이다"며 강물에 뛰어들었고, 그 후 강물에서는 향기가 났다. 그때 왕은 믿지 않았던 걸 후회하였지만 이미 때는 늦었다. 그리하여 그곳을 바뉴왕이라고 한다. 지금도 바뉴왕이에 가면 그 강이 있다. 그렇게 넓거나 깊지는 않다. 하지만 왕비의 전설이 있어 혹여 향기가 나는지 코를 킁킁거리면서 냄새를 맡아 보았으나 세월이 너무 많이 흘러서인지 향기는 나지 않았다.

▶ 70~100kg의 유황을 메고 2km를 하루에 1~2번 다닌다.

바뉴왕이는 까와이젠으로 유명하다. 인도네시아 섬 전체에는 활화산이 약 300여 개가 있지만 까와이젠과 똑같은 곳은 없다. 오늘은 그런 멋있는 까와이젠Kawah Ijen에 가는 날이다.

이슬람사원의 새벽기도소리를 듣고 일어났더니 새벽 4시다. 산으로 올라가다가 트럭을 만났다. 트럭은 사람들을 잔뜩 태우고 있었다. 간밤에 비가 흩뿌렸는데 오르막이라 길이 미끄러운지 차바퀴들은 검은 연기를 꾸역꾸역 내뿜으며 제자리에서 빙빙 돌았다. 잠시 후 트럭에 탄 사람들이 모두 내려 트럭을 밀었다. 그 사람들은 유황을 캐고 짊어 나르는 사람들이다. 한참 올라가니 주차장이 나왔다. 모든 차들은 그곳에 두고 걸어서 올라가야 한다. 운동화끈을 조여 맸다. 인부들과 보폭을 맞추었다. 조금 후 인부들은 저 멀리 앞서 갔다. 얼마나 올라갔을까. 유황을 멘 사람들이 내려오고 나는 목이 마르고 다리가 아팠다. 빈 몸으로 올라가는 것도 힘이 든데 유황을 멘 사람들은 내리막길을 평지처럼 걸었다. 정말 그들 앞에서 낑낑대면서 올라가는 것이 미안했다. 중간쯤에서 유황을 내려놓고 쉬면서 빵을 먹는 젊은이들을 만났다. 얼마나 더 올라가야 하는지 물었더니 청년은 길섶의 푯말을 가리키며 숫자가 32Hm이면 분화구라고 말했다. 그 청년이 지적한 푯말의 숫자는 17Hm이었다. 중간 휴게소를 지났고 내가 선 곳이 제일 높은 곳 같았다. 고개를 획 돌리니 해발 2,380m³²ᴴᵐ 푯말이 꽂혀 있었다.

분화구를 내려다보니 동화책 한 페이지를 인터넷으로 다운로드받아 놓은 듯했다. 까와이젠은 약 2km 등산하고 분화구에서 호수까지는 약 800m 돌길을 내려가야 한다. 인부들은 돌길을 잘란 울라르jalan ular 뱀길이라 했다. 분화구에서 호수로 내려오는 길이 너무 가팔라서 호수에 내려와 앉아 있어도 다리가 후들거렸다.

▶ 호수와 낭떠러지를 배경 삼아 유황바구니를 메고 올라오는 광부

　분화구 안 호숫가에는 수십 개의 배관이 설치되어 있고 그 배관에서 오렌지색 유황이 뚝뚝 흘러내린다. 오렌지색이 굳어지면서 노란색으로 변한다. 인부들은 유황을 캐고, 나르고, 유황이 흘러내리는 배관을 관리하는 사람들로 나뉘어 있다. 뜨거운 유황이 계속 흘러내리다 보면 배관이 뜨거워 터질 수도 있어 4시간마다 물을 뿌려 배관을 식혀 주는 작업이 중요하다. 하루에 유황이 흘러내리는 양은 배관당 약 300kg이라고 한다. 호수의 물 색깔이 변하는 시기는 일 년 중 1~2월 중에 검붉은 색이나 초록색으로 변하는데 그 시기는 일주일에서 보름이 걸리며 그때는 독이 분출되기 때문에 인부들이 일을 하지 않는다.

　분화구 넓이는 5.466Hr, 호수의 깊이는 200m, 물의 온도가 가장 낮을 때는 50도 정도이나 높이 올라가면 섭씨 200도까지 된다. 나는 호수 가까이로 갔다. 호수 표면에서 김이 모락모락 났다. 우아한 물 빛깔이 너무 예뻐 손을 담그면 색깔이 내 손에 묻을 것만 같아 손을 넣어 봐도 되는지 미스따리 씨에게 물어봤다. 유황온천수는 알레르기 피부에 좋다고 했

고 나는 손을 담갔다. 물이 뜨거웠다. 잠깐 손을 담갔는데도 손등이 빨갛
게 달아올라 따끔거렸다. 바람이 불면 유황가스가 연기처럼 풀풀 날아다
녔다. 마스크를 해도 눈물과 콧물이 줄줄 흘러내렸다. 삼십 년간 그곳에
서 일해 왔다는 미쓰따리 씨는 내 몸이 허약해서 그렇다고 말했다.

　　가장 위험한 곳이 가장 안전한 곳일 수도 있다고 생각한다. 까와이
젠은 위험한 곳이지만 아름다운 곳이다. 분화구로 올라오는 길섶의 분재
괴목들도 다른 곳에서는 볼 수 없는 귀한 풍경이다. 까와이젠의 풍광은
그야말로 살아서 움직인다. 얼마나 아름다웠으면 관광 온 한 프랑스여인
이 절경을 카메라에 담으려고 조금씩 뒤로 물러서다가 그만 절벽으로 떨
어졌을까.

▶ 유황을 메고 가면서 무얼 생각할까요?

삶에 회의가 느껴지고 생활에 활력을 불어넣고 싶다면 까와이젠에 가 보라고 권하고 싶다. 아름다운 호수를 배경으로 무거운 유황을 메고 절벽을 오르락내리락 다니는 인부들, 그들 어깨의 굳은살을 만져 보면 자신의 삶을 감사하게 될 것이다. 그리고 그들이 한 걸음 내디딜 때마다 백여 킬로그램의 유황이 담긴 바구니의 삐걱거림 소리를 들으면 인부들에게 찬사를 보내지 않을 수 없을 것이다. 오늘도 까와이젠 풍광에 매료된 수십 명의 국내외 관광객들이 해발 2,380미터를 솔바람에 땀 닦으며 산책하듯이 올라가고 있을 것이다.

<EBS 극한직업> 2010년 12월 방송

▶ 호수 옆에서 흘러내린 유황을 바구니에 담는 작업

▶ 뜨거워진 배관에 물을 뿌리는 작업

▶ 배관으로 유황이 흘러내리는 모습

PART 2 사람과 사람

귀걸이가 가슴에 달린 할머니

깔리만딴섬은 세계에서 세 번째로 큰 섬이다. 지구의 허파이자 천연자원이 풍부한 섬이다. 신비로운 열대우림의 세계와 맹그로브 숲과 동식물들이 서식하는 늪지대가 있다. 고대 네덜란드와 영국이 식민 시절 당시 이 섬에 있는 브루나이 왕국의 이름을 따서 섬 전체를 브르네오^{Borneo} 섬이라고 불렀다. 통상적으로는 '보르네오^{Borneo}'라고 칭해지고 있는데 이는 브루나이^{Brunei}, 말레이시아^{Malaysia}, 인도네시아^{Indonesia}를 포함한 섬 전체를 뜻하며, 세부적으로 인도네시아에만 속해 있는 지역을 '칼리만딴^{Kalimantan}'이라고 한다.

깔리만딴 섬에는 천 개의 강이 흐르고 있어 스리부 숭아이^{Seribu Sungai}라고 하며 다약족들이 살고 있다. '다약족^{Suku Dayak}'이란, 칼리만딴 지방어로 '강물과 더불어 사는 사람들'이란 뜻이며 약 400여 부족들이 살아간다. 수상가옥과 시장을 비롯하여 강줄기 굽이굽이 사람들이 살고 있다.

지역에 따라 부족들의 이름이 다르고 언어와 문화풍습도 다소 차이가 있지만 통틀어서 다약족이라 한다.

섬의 동부 쪽 러답^{Redab-Berau} 시내를 지나 롱라하이 마을로 갔다. 산은 숲이 우거진 곳도 있고 벌목으로 인해 거목이 쓰러져 있는 곳도 많았다. 산속으로 들어서자 가르마처럼 가느다랗게 뚫려 있었고 소나기로 인해 흙탕길만 이어졌다. 내리막 오르막이 얼마나 가파른지 지프가 청룡열차 같았고 흙탕길에서 바퀴가 헛돌았다. 하루 종일 차를 타고 들어가니 강이 있었고 그 강물을 건너자 바로 바삽족이 산다는 롱라하이 마을이었다. 첩첩산중으로 들어온 것이다.

새벽에 혼자서 마을을 한 바퀴 돌았다. 내가 만나고 싶었던 건 전통가옥과 마을의 역사를 이야기해 줄 노인, 그런데 만났다. 할머니를 만나 집으로 따라갔다. 마을에서 가장 연세가 많은 할머니였다. 굳이 듣지 않아도 알 수 있는 듯했다. 롱하이 마을 사람들은 예전에 성인식을 중요하게 했다. 성인이 되려면 우선 인내심이 강해야 하며 용맹스러워야 한다. 여자는 마취 없이 손발에 문신을 새길 때 인내심으로 그 고통을 참을 줄 알아야 하며, 남자들은 다른 사람의 머리를 가져와서 걸어놓고 성인식을 했다는 것이다. 지금은 그전처럼 사람의 머리를 걸어 놓고 하는 성인식은 없다. 여자들은 12세 때부터 귀에 구멍을 뚫고 귀걸이를 하게 된다. 귀걸이는 성인이 되고 결혼식을 하고 나이가 들면서 하나씩 더 달게 된다. 귀걸이의 개수가 많을수록 무게가 무거울수록 덕망과 위엄, 장수를 상징한다는 것이다. 할머니를 보면서 그들의 전통을 짐작할 수 있었다.

<KBS VJ특공대> 2011년 6월 방송

▶ 롱라하이 마을 할머니 귀걸이는 손으로 받쳐 들어도 제법 무거웠다.

깜뽕에 뜨는 별과 달

"이 늦은 오후에 그 먼 깜뽕으로 가려고요?"

"네, 까서뿌한족 만나려고요"

"그곳은 숲 속, 깜뽕 중에 깜뽕kampung이라 위험해요."

그렇다.

깜뽕은 오지를 말하는데 오지 중의 오지라며 위험하다기에 우린 다음 날 새벽 여러 도시를 지나 비탈진 마을에 도착했다. 비탈진 마을은 까서뿌한 족장의 처가마을이었다. 그곳에서 족장이 사는 깜뽕까지는 돌덩이가 박힌 산길이라 지프를 타야 갈 수 있다. 나는 족장이 보내 준 지프로 바꿔 탔다. 지프는 덜컹거리면서 내 엉덩이를 의자에서 들었다 놓았다를 반복했다. 가는 도중 부부가 추수한 벼를 건조하고 있었다. 그들은 벼를 낫으로 베서 탈곡기에 타작하는 게 아니라 손가락에 족집게를 끼고 벼이삭만 싹둑싹둑 잘랐다. 알알이 영근 벼 묶음들을 긴 막대기에 한 묶음씩 척척 걸어 둔 모습이 가을날 시래기 걸어둔 것처럼 보기 좋았다.

그렇게 달려 스무 고개 중 열 고개를 왔을까, 기사는 차를 세우더니 족장이 사는 마을의 노인이라며 차에 태웠다. 노인은 야자 5통을 들고 지프에 올라탔다. 내 옆에 앉으면서 들고 있던 야자 5통을 발 앞에 내려놓는데 보니 맨발이었다. 나무껍질처럼 거친 발등이며 손가락처럼 벌어진 발가락을 보면서 먼 이곳까지 어떤 볼일로 다녀가는지 궁금해 물었다. 이 마을로 시집온 누이동생 손자가 다음 달에 결혼하는데 부엌이 너무 좁아 넓게 고쳐 주고 돌아가던 길이라고 했다. 노인은 큰일 치르기에 불편함이 없도록 수리해 주었다며 얼굴에는 흐뭇한 표정이 가득했다. 나는 또 말을 걸었다.

"집에서 이곳으로 오실 때 뭐 타고 오셨어요?"

"걸어서 왔어."

나는 노인의 맨발을 확인하듯 한 번 더 내려다보면서

"걸어서 다니면 몇 시간 정도 걸려요?"

"새벽에 출발해서 낮에 도착했으니 반나절쯤."

노인은 신발을 신은 것도 아닌 맨발로 반나절을 걸었다는 걸 동네 슈퍼에 다녀가는 것처럼 아무렇지도 않게 이야기했다. 집집이 굴뚝에서 밥 짓는 연기가 꾸역꾸역 피어오를 때 나는 목적지 깜뿡에 도착했다. 그곳은 할리문 국립공원 안에 위치하는 까서뿌한kasepuhan 9대 족장 아바우기Abah Ugi가 사는 찝따글라르였다. 싸늘한 저녁바람이 굴뚝연기를 흩트려 놓더니 내가 걸터앉은 마룻바닥을 쓸고 지나갔다.

▶ 추수한 볏단을 말리는 부부

PART 2 사람과 사람

족장 집은 산꼭대기에 있었다. 일어나 보니 밤새 내려온 구름은 아직 마당에 서성대고 내가 마당을 거닐자 구름은 내 허리를 감아 돌았다. 젊은 남자 하인이 나에게 부엌으로 가 아침 식사를 하라고 했다. 부엌으로 갔더니 족장 부부가 기다리고 있었다. 족장은 검은색 두건을 머리에 두르고 콧수염과 긴 턱수염 때문에 더욱더 근엄해 보였다. 족장 부부와 아침 식사를 부엌에서 했다. 부엌에서 식사를 하는 건 바깥은 춥고 밥 짓는 아궁이가 있어 부엌이 따뜻하기 때문이었다. 모든 반찬은 자연산이었다. 논에서 키운 물고기와 다슬기, 나물버섯과 달걀 등 푸짐하게 차려졌다. 후식은 생강을 가마솥에 넣고 푹 끓인 생강차였다. 내가 생강차를 한 모금 꿀꺽 마시며 이렇게 깊은 깜뿡으로 들어온 것은 처음이라고 했더니, 족장 우기는 담배를 꺼내 한 개비 물고 불을 붙인 후 어쩌면 다음 세대는 이보다 더 깊은 숲 속으로 들어가 살지도 모른다고 했다. 까서뿌한족은 숲에서

▶ 구름에 싸여 있는 우기 족장 집 마당

▶ 나무를 심는 우기 족장 부부

숲으로 옮겨 살며 숲을 사랑하는 부족이다. 16세기경 반뗀^{Banten}왕궁의 빠자자란 왕과 전쟁 후 숲으로 도망 와서 산을 개간하여 화전민으로 살아가는 부족이다. 산에 땅을 일궈 곡식과 나무를 심는 뚬빵시리^{순환}농법을 사용한다. 산을 일궈 농사를 지을 수 있는 숲은 가라빤^{Garapan} 조상들이 후손에게 맡겨 둔 숲은 띠띱빤^{Titipan}이며 현재 족장이나 후손이 다음에 터전을 옮겨 살 숲은 아위산^{Awisan}이다. 족장 우기가 다스리는 깜뽕은 314개 28,000 부족으로 하나의 군 단위를 이룬다. 옮겨 다니는 부족이라 하여 모든 부족이 옮기는 것이 아니라 족장과 측근의 하인들만 옮겨 다닌다. 족장 우기는 어느 숲으로 가도 전부 내 부족들이 사는 깜뽕이라 했다.

족장은 이십 대 중반으로 아주 젊다. 날마다 족장을 찾아오는 사람들로 문전성시를 이루지만 대화할 친구가 없다. 그는 보건위생학과를 졸업하자마자 선친의 대를 이어 족장이 되었다. 친구가 없어 숲 속에 지내는 게 아니라 숲 속에서 지내고 족장이기 때문에 친구가 없는 것이다. 젊은데 깜뽕에 있으니 갑갑하고 외로워 외로움을 달래려고 중고전자제품을 모아 이것저것 만들다가 라디오방송을 만들게 된 것이다. 사람들이 논밭에서 일하면서 라디오를 들을 수 있어 좋아하는 걸 보고 TV 프로그램까지 만들게 되었다고 한다.

족장비서 겸 방송책임자인 요요에게 방송국을 구경하고 싶다고 했다. 이 층 다락방으로 올라갔다. 한 평도 안 되는 반 평짜리 공간에 앉은뱅이 탁자 하나가 놓여 있었다. 방송장비는 탁자 위의 노트북 한 대와 소형캠코더 한 대 그리고 칠이 벗겨진 자동차용 TV 모니터 하나가 전부였다. 자동차용 모니터는 화면이 흐리고 잘 나오지 않아 안테나를 이리저리 돌리고 흔들었다. 어떻게 방향이 잘 맞으면 화면이 보였다. 방송책임자 요요는 너무 보잘것없는 장비들이라 부끄럽다고 했지만 나는 기발한 아이디어와 족장의 재주에 손뼉을 쳐 주었다. 라디오는 2004년에 부족들이 청취하기 시작했고 TV는 2008년도부터 시청할 수 있었다. 찝따글라르TV방송은 사람들에게 단순히 시청하는 방송이 아니라 지역과의 통신 수단의 역할도 했다. 4km 떨어진 마을에 사는 아저씨가 중요한 일로 찝따글라르에 왔다. 와서 생각해 보니 마구간에 있는 염소들에게 풀을 주지 않고 왔다. 걸어서 반나절 왔는데 되돌아갈 수도 없고 날은 어둑해져 고민을 하고 있었다. 이를 본 요요가 그 마을에서 찝따글라르방송을 시청하는지 물었고 마을 사람들이 열심히 시청한다 하자, 요요는 그 아저씨를 모니터 앞에 앉혔다.

"아무개야 아버지가 염소 풀 주는 거 잊어버리고 왔으니 어서 염소에게 풀을 줘라."

그건 생방송이었다. 그 방송을 들은 사람들이 그 집으로 달려가서 염소에게 풀을 주었고 그 아저씨는 이틀 동안 볼일을 잘 보고 돌아갔다. 후에 요요가 들으니 그때 TV를 시청했던 그 마을 사람들이 우르르 그 집으로 달려가서 염소에게 풀을 주었다고 했다.

▶ 족장이 외로움을 달래려다 만든 방송국 장비들

산꼭대기라서 한낮에는 선선했지만 아침저녁으로는 기온이 내려가 추위가 느껴졌다. 하루 종일 땀 냄새에 절었어도 나는 원래 추위를 타기도 하고 십 년 이상 열대지방의 더위에 익숙해져 찬물에는 도저히 목욕을 할 수가 없었다. 세수와 머리만 감고 옷을 갈아입었다. 다음 날 저녁 요요부인이 나에게 샤워했는지 물었다^{인도네시아 사람들은 아침저녁으로 샤워하는 걸 세수하는 정도로 생각하며 같은 집에서 자고 일어나면 가볍게 묻기도 한다}. 나는 추위서 못 했다고 했더니 큰 냄비에 나무로 불을 지펴 물 데워 주겠다기에 미안해서 찬물에 할 수 있다고 말했다. 이틀 동안 머리와 손발 세수만 했더니 삼 일째 되는 날에는 찝찝해서 잠이 오지 않았다. 그래서 한밤중에 목욕하러 갔다. 바가지로 물을 끼얹는 순간 온몸이 경기하는 줄 알았고 샤워하고 나니 머리가 땡했다. 샤워 후 마당으로 나왔다. 깜빵에서 하늘을 처다보니 별과 달이 환하게 웃고 있었다. 어릴 적 고향의 밤하늘이 생각났다. 하늘나라에 계신 부모님도 생각났다. 돌아가신 지 몇 해가 지났는데 타국에서 뭘 얼마나 잘살아 보겠다고 가 보지도 못해 산소가 어딘지도 모른다. 갑자기 별들이 초롱초롱해지더니 눈시울에서 뭔가 흘러내렸다. 눈물을 닦으며 돌아서는데 방에 불이 켜져 있고 누군가 작업을 하는 것 같았다. 다음 날 요요에게 이야기 들으니 족장이 밤새 전자제품으로 뭔가 만들고 있었다고 한다. 찝따글라르에는 모든 것이 자급자족이다. 전기는 발전기를 돌려 사용하는데 장비가 강하지 못해 하루에도 몇 번씩 전기가 끊어져 어둠 속에서 더듬거릴 때가 많다. 물은 산에서 흐르는 물에 호스를 연결하여 집집마다 계곡의 물을 받아 생활수로 사용한다.

사람들은 훌륭한 족장 덕분에 마이크로 울려 퍼지는 라디오를 청취하며 밭일을 할 수 있어 좋아한다. 찝따글라르에서는 추수를 하든, 절구로 방아를 찧든, 산길을 내든, 마을 사람들이 공동 작업으로 한다. 공동 작업으로 하는 장면을 휴대전화나 캠코더로 촬영하여 찝따글라르 TV로 방송한다. TV를 틀어 놓고 자신이 나오는 걸 보더니 아주 좋고 기뻐서 눈물이 난다던 할아버지가 떠오른다. 찝따글라르 TV방송이 인도네시아 공중파 채널로 선정되는 날을 기대하면서 나는 다큐멘터리 촬영을 마치고 돌아왔다. 마을을 한참 떠나왔는데도 라디오 소리가 울려 퍼지는 걸 들을 수 있었다.

<KBS 환경스페셜> 2012년 1월 방송

▶ 마을 사람들이 협동으로 산비탈에 벼를 심으며

▶ 방아 찧는 일도 다 같이

머라삐산 할아버지

　　족자카르타^{Yogyakarta}는 특별시며 끄라똔^{Kraton} 왕궁이 있다. 끄라똔은 영적인 곳으로 상상의 선^{Sumbu Imajiner}으로 머라삐화산−뚜구−왕궁−끄라삐약−빠랑뜨리띠스^{남쪽바다}로 족자시내를 일직선으로 연결해 주고 있다. 족자왕궁에서 조상 대대로 머라삐산을 보호하고 지키는 사람을 정해 주었는데 이를 주루꾼찌^{juru Kunci}라 한다. 2006년 6월 머라삐^{Merapi}산이 화산폭발로 인도네시아 전체를 화끈하게 달구고 전 세계 매스컴의 눈길과 발길을 모았으며 KBS 놀라운 아시아 제작진도 그곳에 갔었다. 그 당시 주루꾼찌는 78세 마리잔^{Mbah Maridjan}이었다.

▶ 멀리서 바라본 머라삐 화산

머라삐산 폭발이 임박하였을 때 일이다. 그날은 환한 대낮이었다. 산꼭대기에서 회색 연기들이 뭉게뭉게 피어올랐다가 미끄럼틀 타듯이 산등성이를 타고 내려왔다. 내 눈에는 양 떼들이 어디론가 이동하는 것처럼 보였다. 화산이 폭발할 때 나오는 검은 연기는 약 4km 정도의 위력으로 지나간다. 연기가 지나간 흔적은 금방 알 수 있다. 초록색 잎들은 누렇게 뜨고 사람에게 스치면 입었던 옷이 피부에 달라붙어 버린다. 뜨거움을 견디지 못해 응급처치도 하지 않은 채 그냥 옷을 벗으면 옷과 살갗이 함께 벗겨져 버린다. 저녁이 지나 한밤중이 되자 머라삐 산꼭대기에서 용광로의 붉은 쇳물처럼 크고 작은 불덩이들이 떼굴떼굴 산 밑으로 굴러 내렸다. 지나가는 별빛만 봐도 좋았다. 아니 새벽에 떠오르는 태양만 봐도 가슴이 설레고 꿈이 이루어질 것만 같았는데, 까만 밤에 불덩어리들이 흘러 내리는 광경을 난생처음 본 나는 기분이 좋아 팔짝팔짝 뛰고 싶었다. 그렇지만 그 불덩이들이 덮칠까 봐, 가축이나 집안의 생활용품을 그대로 놔두고 대피하여 학교교실이나 천막에서 공동생활하고 있는 피난민들 앞에서 들떠있는 내 모습은 감출 수밖에 없었다.

산꼭대기에서 6km 지역에 속하는 모든 주민들은 급히 대피하라는 족자시의 명령에도 불구하고, 주루꾼찌 마리쟌은 4km 위치한 당신의 집은 안전하다며 대피를 거부했다. 이번 화산폭발 방향은 당신 집 반대쪽이라며 정부의 명령과 권유도 듣지 않은 채 그냥 집에서 생활하던 고집불통 할아버지가 바로 마리쟌이다. 마을에서 가장 높은 집 머라삐산 아래 첫 집에 사는 마리쟌이 대피하지 않자 이웃주민들도 덩달아 대피하려 하지 않았고 또 대피했던 주민들도 하나둘씩 집으로 돌아왔다. 그 소문이 퍼지자, 수많은 언론사에서 주루꾼찌 마리쟌을 만나려고 날마다 그의 집으로 모여들었다. 많은 사람들이 모여들자 마리쟌은 심신이 지쳐 한동안 외부 사람들을 만나주지 않았다. 그러나 화산폭발의 사태가 급박해져 유도요노 대통령도 마리쟌을 만나 피하라고 설득하러 왔으나 마리쟌은 입산하여 며칠 동안 산속에서 나오지 않았다. 결국 대통령도 마리잔을 못 만나고 그냥 돌아갔다는 뉴스가 크게 보도된 적 있었다. 그리고 며칠 후 KBS '놀라운 아시아' 제작진과 함께 나도 마리잔을 만나러 갔었다. 내가 TV 화면으로 보았을 때와 같이 마리잔은 머리에 두건을 쓰고 있었고 작은 키에 마른 체구였다.

마리잔의 집은 머라삐 산기슭이라 마당도 경사가 심했다. 마당에 서면 족자시가지가 한 눈에 보였다. 또 뒤뜰에 올라서서 조용히 귀 기울이면 머라삐산의 용암이 와르릉 와르릉 끓어오르는 소리까지도 들렸다. 마리잔의 집에는 무전기를 든 군인과 경찰들이 즐비하게 경비를 서고 있었으며 일반인들의 출입은 금지하고 있었다. 마당에서 한참 기다리자 마리잔은 마당 위 이슬람사원에서 기도를 마치고 마당으로 내려왔다. 가까이 다가가자 손자가 말했다.

"지금은 할아버지가 휴식할 시간입니다."

그런다고 어렵게 힘들게 찾아 가 대화도 못하고 바라만 보다가 그냥 돌아올 수는 없지. 그렇게 되면 여간 후회될 일이 아니지 않은가. 나는 손자의 말은 못 들은 척하고

"마리잔 할아버지!" 하며 애살스럽게 다가갔다. 마리잔은 이슬람교 인사로

"아살람말라이꿈"

"말라이꿈살람, 할아버지 저는 한국 사람입니다. 한국을 아세요?"

"오랑꼬레아(한국사람)?"

마리잔이 약간의 관심을 보였고 악수하자며 손을 내밀었다. 나는 악수한 손을 놓지 않고 마리잔의 팔을 잡은 손자의 손을 놓게 한 후 내가 마리잔과 팔짱을 끼고 응접실로 들어갔다. 들어가면서 재미있는 농담을 하니 마리잔이 즐거워하자 거실에 있던 아들은 소파로 앉아서 대화를 하라고 권했다. 이때다! 나는 며느리에게 마당에서 기다리던 박 PD와 함께

▶ 마리잔 할아버지와 함께　　　　　　　▶ 피해주민들을 위해 음식을 만드는 군인들

온 군인을 거실로 들어오게 해 달라고 말했다. 그 당시(2006년) 마리잔은 머라삐산 주루꾼찌로서 'Rp 5.900' 족자왕궁으로부터 월급으로 받고 있었다. 집에서 족자왕궁까지 왕복 차비가 'Rp 11.000' 된다. 그래서 석 달에 한 번씩 월급을 받으러 가신다고 했다. 아무리 계산을 해 봐도 설탕 1kg 살 수 있는 그 돈의 숨겨진 큰 의미를 나는 알 수가 없었다. 그러나 마리잔과 대화를 나누면서 이해가 되었다.

"머라삐산의 일부인 자신은 잠시라도 산을 떠날 수 없으며, 날마다 산을 바라보며 호흡을 함께하고 대화를 나누며 숨결까지도 느낄 수 있으며 산을 믿고 이 세상 끝날 때까지 머라삐산과 함께 할 것이다"라고 하였다.

"한국 TV 시청자들에게 노래를 들려주세요."
라고 했더니 느릿느릿하게 인도네시아 국가를 불렀다.

사진을 찍는데 주위 사람들이 어깨동무를 하라며 난리들이다. 와! 78세 할아버지와 어깨동무를 한다는 것이 얼마나 유쾌하고 감사한 일인가. 마리잔은 고국에 계신 우리 아버지와 연세나 체구도 비슷했다. 하지만, 나는 아버지와 어깨동무를 한 번도 한 적이 없었기에 마리잔과 함께 하는 시간 동안 아버지 생각이 많이 났다.

그때 머라삐산의 폭발은 마리잔의 예측대로 그의 집 반대방향으로 폭발했다. 그런 일이 있은 후, 2006년 독일 월드컵 때 베를린 시장으로부터 초청을 받았으나 "나는 산달을 신고 이런 산골에 살다가 큰 도시로 나가면 길을 잃어버릴까 겁이 난다"며 거절했다는 뉴스도 있었다. 해를 거듭할수록 마리잔의 인기는 높아만 갔다. 주루꾼찌 마리잔은 산속의 할아버지가 아니라, 첨단 정보를 누리시며 TV와 여러 개 CF모델 활동까지 한 인기인이 되었다. 건강음료 CF 활동을 하신 후에 나는 족자에 가서 또 만났었다. 그때는 매스컴은 라디오도 출연하지 않겠다며 사진 찍히는 것까지 거부하였다. 신성한 머라삐산의 정기를 받아 내가 건강한 것인데 음료 마시고 건강한 것처럼 만들었다며 자신이 족사의 대명사인 머라삐산의 일부라던 마리잔. 그는 이제 머라삐산의 주루꾼찌도 아니고 족자에도 안 계신다. 평생 머라삐산과 함께할 것이라더니 2010년 10월에 머라빠산이 폭발할 때 산속에서 기도하다가 일생을 마쳤다. 머라삐산 할아버지는 아마 이 순간에도 하늘나라에서 머라삐산을 내려다보고 계실 것이다.

<KBS 놀라운 아시아> 2006년 7월 방송

▶ 족자. 쁘람반안 힌두사원(Perambanan)

▶ 족자. 보로부두르 불교사원(Borobudur)

소똥과 그 남자

　　마을 입구로 들어서는데 어디선가 낯익은 냄새들이 날아왔다. 그 냄새는 초등학교 여름방학 때면 친구들과 함께 소 풀 먹이러 들로 산으로 다니면서 맡았던 냄새다. 언젠가 소 풀 먹인 이야기를 딸아이에게 했더니 "엄마는 정말 시골 사람이네"라고 말했다. 낯익은 냄새는 다름 아닌 소들의 배설물이었다. 담벼락 아래 조그마한 텃밭에 노인이 심어 놓은 실파에 거름을 주고 있었다. 내가 바뚜 젖소사육장에서 가르쳐 준 사람의 이름을 말하자 노인은 거름통을 내려놓고 팔을 쭉 펴더니 "저기 간판이 보이지? 그 위로 곧장 가서 꼭대기 집이야." 하시길래 노인의 손끝을 눈으로 따라가 보았다. '바이오가스 시범 마을'이라 적힌 간판이 보였다.

　　그 집은 대문도 없었다. 좁은 마당에는 비행접시 하나가 놓여 있었다. 임산부 아주머니가 나오더니 남편을 불렀다. 나는 아저씨에게 바이오가스에 관해 뉴스취재 왔다고 하니 아저씨는 한국 사람이라 더 반갑다며 친절하게 비행접시 모양에 대한 설명을 차근히 해주었다. 마당 한 귀퉁이에 있는 젖소외양간에서 나오는 배설물에 물을 붓고 적당히 섞어 준 뒤 제1저장탱크로 흘려보낸 후, 제2저장탱크에서 일주일 정도 숙성시켜서 제3저장탱크로 옮겨진다. 제3저장탱크에서 나오는 물과 찌꺼기는 거름으로 사용하는데 채소밭으로 보낸다고 했다. 비행접시 모양의 제2저장탱크digester에서 가스를 뽑는다기에 관심을 보였더니 아저씨는 멀리서 취재 왔는데 내 설명이 부족하면 안 된다며 친절하게도 뚜껑까지 열어 보였다. 멋모르고 숨을 들이마셨더니 탱크 속의 냄새가 콧속으로 들어갔다. 새벽에 출발하느라 집에서 아침도 먹지 않은 공복인데 잘 숙성된 배설물의 진한 냄새가 코로 확 들어가자 너무 역겨워 구역질까지 났다. 제2탱크에서 연결된 호스를 따라 부엌으로 갔다. 밥하는 아주머니와 인터뷰 몇

▶ 바뚜의 번도사리 폭포

▶ 소똥을 모으는 작업

▶ 바이오저장탱크

마디 하고 밖으로 나왔는데 이상하게 구역질 나던 냄새가 더 이상 나지 않았다. 아마 순간적으로 들이마신 양이 너무 많아 후각이 둔해진 것 아닌지 모르겠다.

　도요마르또 마을 사람들은 모두 젖소를 키운다. 한 가구당 여섯 마리 이상의 소를 키웠고 여섯 가구의 외양간에서 흘러나오는 배설물 전부를 저장탱크에 모아 만들어진 가스로 여섯 가구가 부지런히 사용해도 가스의 양이 넉넉하다고 한다. 가스값 걱정은 하지 않아도 되고 LPG처럼 폭발할 염려도 없어 신기하면서도 행복하다고 말한다. 바이오가스 사용 시 LPG를 사용하는 가스레인지와 달리 석유풍로처럼 불을 붙여야 한다. 파란 불꽃이 활활 피어오르는데 주부인 나는 그 화력이 참으로 탐났다. 도요마르또 사람들은 바이오가스 시설을 하기 전 날마다 소똥 치우는 일이 너무 골치 아팠고 귀찮아서 그냥 마을 앞 샛강으로 흘려보냈다고 한다. 그들이 배설물을 버렸다던 그 샛강은 브란따스 강 상류의 샛강이고 브란따스 강은 여러 개 군을 거쳐 수라바야 시내까지 흘러간다.

수라바야 강은 브란따스 강에서 흘러나오는 샛강이다. 수라바야 강을 오래전부터 사랑하고 보호하는 사람이 있었다. 그 사람은 삐리기 씨로 1999년부터 강 살리기에 앞장서고 지금까지 외치고 있다. 그는 SBS-에코프로포즈 2011년 물환경대상 국외부문 수상자였다. 그와 함께 일주일 동안 다니면서 산에서 샘물이 퐁퐁 솟아나는 곳에 갔다. 물가에는 송사리와 소금쟁이들, 돌 아래 슬금슬금 기어 다니는 민물 꽃게와 가재들이 살아 있었다. 우리는 샘물을 따라 계곡에서 강으로 바다로 따라갔다. 삐리기 씨와 함께 고무보트에 올라탔다. 얇은 고무보트 안으로 밀려드는 물결의 흐름을 내 몸이 그대로 느끼자 스릴이 최상이었다. 취재하러 다니면서 돌부리에 걸려 넘어지기도 하고 강물에 빠지기도 했던 나는 순간, 이 더러운 강물에 빠지면 피부병에 걸릴 터인데 어떡하지 하는 생각이 스쳤다. 쓰레기들이 강 위로 둥둥 떠다니고 우리가 탄 고무보트도 쓰레기와 함께 둥둥 떠내려갔다. 인도네시아에 처음으로 온 강 PD는 너무 신기하다며 고무보트 위에서 소리를 지르며 감탄사를 연발했다.

▶ 수라바야 강물에서 아침에 목욕하고 양치질하는 아이들과 아저씨

"어머나 신기해라. 강물에서 아저씨가 빨래도 하고, 어머머 저쪽에는 변도 보고 양치질도."

"뭐가 그리 신기해요? 아저씨가 빨래하는 것이요? 아니면 더러운 강물이?"

"더러운 강물도 빨래하는 아저씨도 전부 다 신기해요."

멋있는 절경에 감탄하는 사람은 봤어도 더러운 강물 보고 감탄하는 사람은 나도 처음 봤다. 고무보트가 그 사람들 가까이 갔다. 내가 말을 걸었다.

"아저씨 이런 물에서 씻어도 깨끗해지나요?"

"이 물이 어때서요? 이 강물에 우리는 양치질도 하는데……."

아저씨는 치약을 칫솔에 짜서 양치질을 하더니 강물을 두 손으로 퍼 입안에 넣고 우물우물 헹구고 뱉어냈다. 나는 고무보트에서 날마다 하는 일상생활을 보고 아주 특별(?)한 걸 느꼈다.

뻐리기 씨는 그날 수라바야 시민들에게 알려 줄 것이 있다고 했다. 시내 중심가에서 그는 확성기에 입을 가까이 대고 소리 질렀다. "수라바야 강은 이제 더 이상 공중화장실이 아니다!" 그 말이 끝나자 고등학생들은 팻말을 흔들며 구호를 따라 외쳤다. 그날 구호내용은 공장폐수와 생활폐수로 인해 물고기들이 기형으로 변하고 있다는 외침이었다. 뿐만 아니라 오염된 물에 사는 수컷들은 수컷의 제 기능(?)을 하지 못한다면서 그들은 또 이렇게 외쳤다.

"수라바야 강의 물고기들을 와리아wanita pria: 여장남자로 만들지 마라! 나는 수라바야 강을 사랑한다!"

두 시간 이상을 뻐리기 씨와 학생들은 외치고 또 외쳤다. 그들을 지켜보던 송 부장님은 자동차들의 매연이 너무 심하여 머리가 아프다고 하셨다. 나는 왜 그런 걸 못 느꼈지, 어쩜 나도 오염된 강에서 목욕하는 사람들처럼 매연에 익숙해지고 있는 걸까.

강을 살리려는 그 남자의 노력으로 바뚜 강 상류에 사는 사람들은 이제 소똥을 강에 버리는 일은 돈을 버리는 일과 같기에 더 이상하지 않는다고 말했다. 오염된 물이 흘러내리던 폭포도 이젠 깨끗한 물이 흘러내리고 요즘은 뿌존 폭포수가 건강에 좋다는 소문이 나서 주말에는 많은 관광객들이 폭포수를 맞으러 몰려든다.

<KBS 지구촌뉴스> 2009년 9월 방송
<SBS 에코프로포즈> 2012년 1월 방송

◀ 나무 심는 물환경대상
국내수상자 청소년

▼ 수라바야 강을 사랑하자!

솔로 왕과 한국 인삼

2010년 7월 8일은 인도네시아 솔로왕국^{Keraton_Surakarta_Hadiningrat} 제13 대왕 시누훈빠꾸부워노^{SINUHUN Pakubuwono XIII} 즉위 6년째 기념일이다. 그 행사를 촬영하기 위해 송 PD와 함께 입궁하려는데 문지기가,

"왕실가족이 아닌 사람과 특별손님은 사미르^{노란색 비딩에 빨간 줄를} 목에 걸고 입궁해야 해요." 그것이 왕궁의 법도며 입궁 시 바띡을 입으면 더 좋은 예의라고 했다. 솔로가 바띡의 본고장이니 흔쾌히 바띡을 사 입었다. 난 여자니까 사룽까지 걸쳤다. 하체를 칭칭 감은 사룽은 보폭이 좁아 빨리 걸어도 제자리걸음 하듯 걸음이 느리고 불편하기 짝이 없었다.

이 행사를 촬영하기 위해 협조공문을 사전에 보냈지만 왕궁 측에서는 MOU를 작성해서 사인하라고 했다. 그것까지는 괜찮다. 그런데 멀쩡한 사무실을 놔두고 하필 고목 아래 앉아서 하라고 했다. 구두를 신고 다닌 탓에 발이 아파 나는 사룽을 걸쳤다는 생각을 잊고 땅바닥에 편하게 앉다가 뒤로 벌러덩 넘어졌다. 이런, 실수를 무마하려고 내가 먼저 소리 내어 웃으면서,

"사룽 입었을 땐 어떻게 앉아야 하나요?"

물었다. 사룽은 앉을 때 무릎을 꿇고 앉아야 넘어지지 않는다고 일러 주었다. 그날 난 내 의지와 상관없이 공손하게 무릎 꿇고 MOU에 사인했다. 나는 사인을 했으니 이제 왕을 만나고 싶은데 언제쯤이면 될까 하고 물었는데 손에 든 종이를 흔들며 확실히 모르겠다고 했다. 이것 참 답답한 노릇이다. 왕궁책임자에게 당신은 왕에게 우리가 왔다는 소식을 알렸냐며 추궁하듯이 묻고 그럼 왕을 멀리서라도 볼 수 있는 기회를 알려 달라고 했다. 볼 수만 있으면 만나서 대화하는 것쯤은 쉬운 일이다. 그가 알려 준 그 시간이 바로 오늘 오후였다.

▶ 인삼을 건네받는 솔로 왕

    말레이시아 사람들 수십 명이 정복차림으로 입궁했다. 그중에서 정복에 배지가 가장 많이 달린 분에게 슬쩍 말을 건넸다. 그들은 즉위식을 축하하러 온 사절단들이었다. 말레이시아 왕궁과 솔로왕궁은 동맹을 맺었고 서로 왕래하며 공로훈장을 주고받는다고 했다. 공로훈장 수여식이 끝나자 나는 슬그머니 왕 가까이 다가갔다.

    예쁘게 차려입은 왕비가 앞으로 나오더니 다른 사람과 이야길 하라고 했다. 그가 누구냐고 물으니 왕의 남동생이란다. 그와는 볼일이 없다고 말했다. 잠시 왕 주위에 사람들이 느슨해지는 틈을 타서 나는 왕한테로 뛰어갔다. 큰 소리로 내 소개를 하고 송 PD가 준비해 온 인삼을 내밀었다. 이끼 속에 점잖게 누워 있는 인삼을 들고 나는 인삼장수가 되어 한국 인삼의 효능을 설명했다. 그러고는 잔뿌리 하나 뚝 잘라 씹으면서 왕에게도 권했다. 왕은 나를 쳐다보더니 인삼을 받아 씹었다. 옆의 사람들은 아주 신기한 듯이 웅성거리면서 인삼 한 번 쳐다보고 왕 한 번 쳐다보았다. 어떤 사람은 인삼을 만지고 싶어 손을 가까이 대기도 했다. 그때 말레이시아 사람 한 명이 왕에게 어떤 맛이냐고 묻자, 쓴맛이긴 한데 뒷맛은 달콤하다고 대답했다. 그 말레이시아 사람은 한국 인삼에 대해 들어만 봤지 실제로 보진 못했다며 실뿌리라도 한 번 씹어 봤으면 하는 눈빛으로 껄떡거렸다. 그 껄떡거림이 유난했던지 왕은 인삼이 든 통을 닫아 비서에게 건네고 말았다.

　내 마음에선 '지금 이 기회를 놓치면 안 된다, 촬영을 제대로 할 수가 없다, 어떻게 6년근 인삼을 대가 없이 건네줄 수 있단 말인가' 이렇게 외치고 있었다. 왕과 이런저런 이야기가 계속되었고 나는 입을 쳐다보다가 입안의 인삼을 다 삼키기 전에 사적으로 만나 취미 등 여러 가지를 취재하길 원한다고 전했다. 왕은 입 안의 마지막 인삼을 삼키면서 이틀 후, 즉 위식 행사를 마치고 왕실에서 만나자고 말했다. 나는 그 약속을 다른 사람들이 들으라고 일부러 큰 소리로 두 번이나 확인하면서 그곳을 나왔다.

▶ 시누훈왕 접견실

    오늘은 왕궁에서 나에겐 궁녀 옷, 송 PD에겐 남자 복장을 입혀 줬다. 내일도 옷차림이 같은데 우리가 왕궁에서 촬영하는 일을 하기 때문에 손님이 아니라 잠시 궁의 식구가 되는 것이란다. 그래, '로마에 가면 로마법을 따르라'고 했는데 솔로왕궁의 법도를 따라 이틀만 궁녀가 되어 주자. 궁녀 옷은 한복 치마처럼 끈이 있는 것이 아니어서 천으로 둘둘 말아 흘러내리지 않도록 복부에 붕대를 여러 번 감았다. 그 때문에 숨쉬기가 곤란했다. 가슴에는 궁녀들의 계급을 드러낸 천으로 한 번 더 둘렀다. 보통 여자들은 끄바야를 걸치지만 솔로의 궁녀들은 끄바야^{자바여인들의 전통복장}중 겉옷를 걸치지 않는다. 궁녀 옷이라고 입혀 주어 입었지만 아무리 생각해도 이 나이에 양어깨를 드러내고 수천 명 사이를 활보한다는 건 여자로서 아름다운 체험(?)이 아닐 수 없는 것 같다. 즉위기념식 아침이었다. 검은색 가방을 둘러멘 남자가 앞서고 우리는 뒤따랐다. 왕궁 안에서 네 번째 문을 통과하니 하인이 말했다. 다섯 번째 문을 통과해야 하는데 그곳은 귀빈들만 드나드는 곳이란다. 그럼 우리가 귀빈이니까 이렇게 드나드는 것이지. 왕과 덕담을 나누는 사람들은 얼핏 봐도 어깨와 가슴에 훈장이 주렁주렁 달려 있었고 그 뒤를 남자들이 병풍처럼 둘러서서 사진을 찰칵찰칵 찍어댔다.

    왕, 왕, 왕 만인이 부러워하고 존경하는 왕!

    오늘 같은 날 왕은 얼마나 부푼 심정일까. 친지와 자녀들, 하인 천여 명들이 엎드려 축하드릴 것이고 외국에서 사절단도 왔으니……

    귀빈들과 덕담을 나누고 있는 왕을 주시해 보다가 대화가 끝날 무렵 나는 쪼르르 왕 앞으로 달려갔다.

    "시누훈^왕! 축하드립니다. 지금 어떤 기분이세요?"

    "슬프고 외로운 느낌."

    참으로 의아한 대답을 듣자 솔직히 나는 흥미로웠다. 아주 공감한다는 표정으로 한 발 더 다가가서 나지막하게

"왜, 슬퍼요……?"

"이런 행사가 일 년에 여덟 번이나 있는데, 설날…… 그때마다 난 혼자……."

"네……."

묻어 두었던 가슴속의 언어들을 참깨 털어 내듯 술술 털어 내는 왕을 바라보면서 나는 고개를 크게 많이 끄덕였다. 때론 밝은 표정으로 더러는 호기심 많은 얼굴로 들었다. 시누훈왕은 몇 년 전 혈압으로 쓰러져서 회복이 되었지만 발음이 약간 어눌했다. 나와 이야기가 끝나자 어떤 분이 왕과 뺨을 비비면서 인사를 나눴다. 남자끼리 뺨을 너무 세게 문지른다 했더니 순간 왕의 오른쪽 안경다리가 툭 하고 튕겨 나갔다. 안경이 땅바닥에 떨어지더니 한쪽 알이 산산조각 났다.

왕은 넓은 궁 가운데 보좌에 앉았다. 왕을 알현하러 천여 명의 하인 Abdi Dalem들이 멀리 마당에서부터 홀 안 왕의 보좌까지 앉아서 걸어갔다. 이상한 건 왕궁행사의 모든 걸 궁녀들이 주관했다. 왕이 등장하는 문 앞에서 창을 든 사람도, 향을 피우고 춤추는 일도 전부 궁녀들이 했다. 남자 하인들은 그저 무릎 꿇고 앉아서 궁녀들이 하는 것을 쳐다보고 손뼉이나 쳤다.

식을 마치자 왕과 함께 사진 찍으려고 사람들이 우르르 몰려들었다. 그때 송 PD는 행사 직후 소감을 듣고 싶어 했다. 하지만 내가 봐도 왕이 너무 바빴다. 송 PD는 왕비에게라도 듣고 싶다며 나에게 졸랐다. 왕비에게 접근하여 말을 건네자 한마디로 냉정하게 거절했다. 기분이 좀 상했지만 나는 프로그램을 위해 참았다. 행사가 다 끝났다.

왕은 집 안으로 들어갔다. 한참 후 우리는 왕의 집 안으로 들어갔다. 춤추던 궁녀들과 왕은 정원에 나란히 앉아 있었다.

"시누훈왕 오늘 많은 행사로 피곤하시겠지만 전 약속을 지키러 왔습니다."

"아참, 약속을 했었지요."

어제 대화 중에 취미가 키보드 연주하는 것과 자동차를 정비하고 꾸미는 것이라고 했던 것이 생각이 났다.

"우선 키보드로 음악을 좀 들려주세요."

왕은 자리를 털고 일어나 발걸음을 옮겼다. 철망 문을 열고 또 문을 열고 들어섰다. 입구에는 CCTV 화면이 보였고 넓고 둥근 방이었다. 한쪽 벽면에 키보드 일곱 대가 놓여 있었다. 연주는 좋아하는 벙아완솔로 Bengawan Solo를 들려줬다. 인도네시아 사람들에게 있어 '벙아완솔로'는 우리나라 아리랑처럼 사랑받는 노래다. 연주가 끝나고 나는 훌륭하다며 손뼉을 쳤다. 그다음 자동차가 있는 곳으로 갔다. 자동차도 일곱 대였다. 그 일곱 모두 선물로 받은 차였다. 차고 앞에서 초등학교 1학년 왕자를 직접 차로 등교시킨다는 아들에 대한 끔찍한 사랑과 그 자랑을 듣다가 주위에 아무도 없을 때 나는 조심스럽게 중요한 질문을 건넸다.

"후계자를 생각해 보신 적 있습니까?"

"내가 죽으면 내 아들 저 아이가 후계자가 될 것이오."

하면서 우리를 따라다니던 왕자를 가리켰다. 이제 왕과의 촬영이 끝났다.

그때 문밖으로 왕비가 나오더니 차고 앞에 있는 왕자를 불러들이고 우리에겐 끝났으면 빨리 가라는 식이었다.

▶ 왕을 알현하려면 맨발로 마당에서 차례를 지켜야 한다.

▶ 여기서부터는 기어가야 한다.

내 마음 한구석에서 '늘 궁녀들만 대하더니 내가 궁녀 옷 입었다고 궁녀로 착각하는 모양인데……' 발칵 성질이 났지만 참고 왕자와 잠시 놀아도 되는지 왕에게 허락을 받고 안으로 들어갔다. 공주와 이런저런 이야기를 나눈  후 사진도 함께 찍으면서 옆에 앉아 있는 왕비를 힐끔 훔쳐봤다. 그리고는 돌아올 때쯤 왕비에게 농담하듯이 말했다.

"죄송하지만, 왕비께 솔직하게 이야기할 게 있는데 해도 되겠습니까?"

"네, 무엇입니까?"

"나는 한국 사람이고 여기에 온 이유는 솔로왕궁의 시누훈왕이 많은 사람들에게 칭송받는다는 걸 한국시청자들에게 알려 주려는데, 우리가 뭘 그리 잘못했기에 세 번이나 마치 이웃집 수탉 쫓아내듯이 하셨나요?"

"오, 제가 언제. 그랬다면 미안합니다."

"그럼, 지금 인터뷰할 수 있어요?"

"네, 그래요."

인터뷰가 끝난 후 나는 웃으면서 고맙다는 말을 전했고 농담을 섞어서 한마디 덧붙였다.

"당신은 두리안 같아요."

우리는 다섯 번째 문부터 나오기 시작하면서 왕궁을 빠져나왔고 나는 이틀간 입었던 궁녀 옷을 벗어 내던졌다. 아니다, 고이 포장해서 집으로 가져왔다.

<KBS VJ특공대> 2010년 7월 방송

▶ 궁녀들의 춤

한평생 한 우물을 판 할아버지

호텔에서 새벽에 샌드위치를 먹고 일찍 출발했다. 워노쫄로에서는 배가 고파도 우리가 먹을 만한 게 없었다. 더워서 물 마시고 배고파서 물 마시고 원유 끓이는 연기 때문에 머리 아파 쓰러질 것 같아 또 물을 마셨더니 화장실이 가고 싶어졌다.

초라한 찻집이 있었다. 설거지하는 아가씨가 있기에 화장실이 어딘지 물어보니 나를 힐끔 쳐다보더니 그냥 접시를 닦았다. 옆에 있던 렌터카 운전기사가 사투리로 뭐라고 이야기를 하자 아가씨는 나에게 화장실이 멀리 있다고 말했다. 아가씨에게 함께 가자고 졸라댔다. 한참 가는데 도중에 인부들이 뭐라고 말을 걸어왔다. 아가씨가 뭐라고 사투리로 대답하자 인부들이 웃으며 나에게 손을 흔들었다. 다 왔는지 멈칫거리더니 저기로 가라고 했다. 그곳은 기름과 물이 반반으로 흐르는 개울이었다. 화장실이 어디냐고 물었다. 개울을 자신들은 화장실로 사용한다고 말했다. 오지로 다니다 보면 집에 화장실 없는 집이 한두 집이 아니었지……. 더군다나 여긴 산꼭대기니까 화장실이 없는 건 당연하지. 싫은데 정말로 싫은데…… 그래도 오지에 왔으니 오지 사람들 하는 대로 하자. 아가씨와 찻집으로 돌아왔더니 아가씨 어머니가 가겔 비우고 어디 다녀왔냐고 물었다. 나는 개울가 화장실 다녀왔다고 했더니 아주머니가 나를 쳐다보면서 아가씨에게 뭐라고 나무라듯이 말했다. 그때 운전기사가 키득거리면서 웃었다. 알고 보

▶ 계곡에 물과 기름이 반반

니 화장실이 있는데, 운전기사가 일부러 아가씨에게 나를 개울가로 데려가라고 내가 알아듣지 못하는 지방어로 말했던 것이다. 운전기사를 딱 째려보니 슬금슬금 도망가면서 하는 말이 내게 추억거리 만들어 주려고 그랬단다. 그 덕분에 나는 개울가에서 쉽게 잊지 못할 추억(?) 하나를 만들었다.

참집을 나와 산비탈로 올라왔다. 허름한 천막 아래 한 할아버지가 땅속에서 올라오는 파이프를 제자리에 고정시키는 작업을 했다. 파이프는 250 미터 땅속으로 들어갔다가 원유와 물을 잔뜩 머금고 밖으로 나와서 왈칵 토해 냈다. 파이프에서 한 번에 쏟아져 나오는 양은 약 100 리터 정도이며 한 구덩이에서 하루에 퍼 올리는 횟수는 약 100번 이상이라고 했다.

갑자기 후드득 소나기가 내렸다. 기름이 잔뜩 쏟아져 있는 흙바닥에 비가 내리자 물방울이 기름방울 되어 또르르 굴러다녔다. 길바닥이 무척 미끄러웠다. 발을 내딛는데 미끄러지려 하자 할아버지가 내 팔을 잡아 주었다.

그 바람에 내 하얀색 잠바에 할아버지의 시커먼 기름때 손자국이 묻어 버렸다. 순간 아끼던 잠바에 묻은 기름 손자국을 보면서 많이 속상했

▶ 땅속에서 나온 파이프를 제자리에 고정시켜 물과 원유를 밖으로 쏟아 내는 장면

다. 그러나 할아버지가 나를 안 잡아 주셨더라면 아마 나는 길바닥에 나뒹굴어서 어쩌면 기름으로 범벅이 되었을지 모른다 생각하니 오히려 할아버지의 손길이 감사했다. 그리고 더러워질까 봐 조바심했던 마음을 내려놓으니 오히려 마음이 아주 가벼웠다. 세상도 이렇게 살면 편할까, 나는 할아버지가 들었던 작대기를 함께 잡고 땅속에서 올라오는 파이프를 제자리에 고정시켜 잘 흘러내리도록 했다. 원유우물은 워노쫄로 주민들의 젖줄이다. 네덜란드에 350년이나 지배당했고 일본에도 3년 반이나 지배당했던 인도네시아, 워노쫄로 주민들은 식민지시대 때 원유 퍼 올리는 일을 했던 사람들이며 지금은 거의 후손들이 일을 하고 있다. 그 역사의 증인으로 나를 잡아 주던 내 하얀색 잠바에 기름 손자국을 찍어 준 할아버지가 산증인이다.

저녁때가 되어 내 잠바에 손자국을 내준 할아버지 집으로 갔다. 저녁식탁에 차려진 건 따뜻한 흰밥과 멸치볶음 한 접시와 따뜻한 홍차뿐이었다. 할아버지의 식사가 끝나고 우리는 담소를 나누자며 마당의 나무 밑에 앉았다. 할아버지는 지갑을 열더니 옆구리 꺾어진 담배 한 개비를 꺼내 물었다. 할아버지^{아구스}는 올해 68세였으며 열 살 때부터 지금까지 한 곳의 원유우물에서 일을 하였기에 할아버지의 피부는 아직 큰 병을 앓은 적이 없다지만 할아버지의 몸은 아주 야윈 상태였고 치아가 하나뿐이었다. 태어나서 지금까지 병원에 진료받으러 간 적이 한 번도 없다고 건강하다고 말씀하셨지만 병원이 멀어서인지 아니면 가난해서인지 알 수가 없었다. 죽는 날까지 원유 퍼 올리는 일을 하고 싶다고, 홍차 한 잔을 앞에 놓고 할아버지에게 물과 원유 중 어느 것이 더 중요하냐는 내 질문에 할아버지는 '당연히 원유지.' 하셨다. 할아버지처럼 한평생 함께하는, 워노쫄로 주민들의 젖줄인 원유가 영원히 고갈되지 않길 바란다.

<MBC 김혜수의 W> 2010년 2월 방송

▶ 아구스(68세). 진한 구릿빛으로 페인팅 된 듯했다.

▶ 물과 기름에서 기름만 떠 담는 작업

PART 3 생활문화

고래잡기 라마레라

라마레라는 어떤 마을일까?

창을 던져서 고래잡이 하는 라마레라로 간다.

라마레라는 도대체 어떤 마을일까?

발리에서 출발하여 플로레스 섬 마우메레^{Maumere} 공항에 도착했다. 그곳 택시들은 모두 승용차가 아닌 승합차였다. 어설픈 길을 오래 달리자면 승용차보다는 승합차가 제격이란다. 풍경 좋은 정글 속을 3시간 정도 달리니 라랑뚜까^{Larangtuka}에 도착했다. 라랑뚜까는 가톨릭 전통행사인 쁘로세시^{Prosesi}가 유명하다. 성직자 몇 사람이 십자가를 걸머지고 수많은 신자들은 저마다 촛불을 들고 시가지를 행진하며 여러 가지 의식을 행한다. 해마다 부활절이 되면 전국에서 아니 외국에서도 쁘로세시^{Prosesi}를 보기 위해 관광객들이 몰려든다.

▶ 고래 잡으려고 창던지는 띠깜

라랑뚜까에서 우리는 심야에 배를 탔다. 출발과 함께 선장은 하늘의 별들이 굽어져 있는 저기 그곳이 우리가 도착할 레올레바라고 했다. 바람도 불지 않는 깜깜한 밤바다, 이따금씩 물살이 철썩이긴 했지만 밤바다는 거의 침묵 상태였다. 참치잡이 배는 정박해 있는 것같이 느리게 갔다. 가도 가도 십 리라더니 가도 가도 불빛이 다가오는 걸 느낄 수가 없었다. 졸음이 쏟아져도 잠을 잘 수도 없는 어설픈 선실, 생선냄새 진하고 피부색이 까만 어부 7명은 외국인인 나와 이 PD에게 자꾸만 눈길을 보내왔다. 솔직히 말해 나는 겁이 났다. 돈이 든 가방을 지나치게 끌어안기도 뭣하고 아무렇지도 않게 놔두기도 뭣했지만 겉으로는 태연한 척했다. 문득 선원들이 나와 이 PD를 바다에 빠뜨리면 어떡하지 하는 무서운 생각이 들어 나는 이 PD에게 선실을 나가자고 했다. 2층으로 올라갔다. 지루한 시간을 어떻게 보낼까 하다가 이 PD에게 남자들이 가장 신 나게 이야기한다는 군대생활을 들려 달라고 했다. 이 PD는 추억을 되살리는 듯 열심히 이야기했다. 입대부터 휴가며 군 복무 제대하자 별빛만 하던 불빛이 달빛만큼 커지더니 드디어 레올레바에 도착했다. 그때 나의 손목시계는 밤 23:40분이었다.

우리는 그곳에서 대기시켜 놓은 차를 탔다. 작은 트럭 뒤칸은 하늘이 보이며, 의자를 마주 보게 개조한 차였다. 오래 사용하여 등받이의 껍질은 낡고 너절너절했으며 스펀지는 툭 튀어나와 있었다. 긴 의자에 다리를 뻗고 앉으니 조금 편했다. 희미한 자동차 불빛에 보이는 꼬불꼬불한 신작로, 큼직큼직한 자갈들이 널려 있고 움푹 팬 웅덩이를 지날 때마다 엉덩이가 들썩거려졌다. 그 험한 길에서도 눈꺼풀은 무거워 자꾸만 내려왔다. 덜컹거림이 멈추더니 라마레라에 도착했다. 그때가 새벽 3시에 가까웠다.

고래잡이 마을로 알려진 라마레라, 어쩌면 이렇게도 멀고 길이 험하단 말인가, 초행길이라서 그럴까. 어제, 오늘 비행기 타고 배 타고 차 타고 골고루 다 탔다. 민박집에 도착하여 피곤함에 절었어도 마을 사람들과 고래잡이 이야기로 분위기에 취해 새벽녘에나 잠들었다. 고래는 보호되지만 라마레라 사람들에게는 고래잡이가 허용된다. 그들은 기계를 사용하지 않고 전통방식으로 창 하나만을 던져 잡기 때문에 유일하게 고래잡이가 허용된 마을이다.

▶ 해변에서 바라본 라마레라 마을 전경

바다로 나간 첫째 날

일어난 시각은 06시 10분이었다. 습관처럼 헤어드라이어를 켜니 전기가 흐르지 않았다. 고장 난 걸까? 고개를 갸우뚱거리다가 햇빛 가리려면 모자를 쓰면 되니까……. 아침은 홍차와 비스킷 몇 조각이다. 아침에 바다로 나가면 오후에나 돌아올 거라며 아주머니가 물을 챙겨 주셨다. 민박집에서 바다까지는 엎어지면 코 닿을 가까운 거리였다. 모래사장에는 목선들이 잔뜩 보관되어 있었다. 어부들은 고래잡이에 필요한 도구들을 챙겼다. 라마레라 사람들은 가톨릭 신자들이기에 출발 전 모두 함께 기도를 드렸다. 우리는 배에 올라탔다. 십여 분 정도 갔을까, 어부들은 안전을 위해 한 번 더 큰 소리로 합창 기도했고 나도 마음속으로 꿈에 그리던 고래를 만나고 싶다며 기도했다. 물이 맑아 훤히 보였다. 산호와 조개 그리고 청색 열대어들이 바닷속을 마구 헤집고 다녀 내 마음도 신 났다. 한참 왔을까 목선의 모터를 끄고 돛을 달았다. 나는 물어보고 싶었다.

"고래는 언제 어떻게 잡아요?"

띠깜Tikam, 창살잡이이 말했다.

"그냥 이렇게 왔다 갔다 하다가 고래가 나타나면 그때 창살로 잡아요."

"고래가 언제 나타나요?"

"그건 모르죠, 고래가 나타날 때까지 마냥 기다려야지요."

무작정 기다려야 한단다. 기다림을 가장 견디지 못하는 나에게 인내의 쓴맛을 공부할 기회인 것 같다. 5시간이 지났다. 서서히 지루하기 시작했다. 햇살이 머리 위에 내려앉아 뜨겁다. 햇살을 털어 내자 또 다른 햇살이 내려앉았다. 바다 위에 쏟아진 햇살은 마치 은빛 갈치가 파닥이는 것처럼 살아 움직였다. 여섯 시간째 이리저리 왔다 갔다. 그야말로 바람 따라다니는 종이배였다. 아무런 구경거리가 없는 바다, 가끔 목선 옆으로 물고기가 쏜살같이 날아갔다.

▶ 닻도 내려진 배 위에서 태양이 너무 뜨거워

▶ 낚시하는 사람

공해가 없어 햇빛이 너무 강렬했다. 선크림을 발라도 줄줄 흐르는 땀에 금방 씻겨 버렸다. 손등이 검게 그을까 봐, 손을 잠바 주머니에 넣었다. 그랬더니 시계 보는 것조차 귀찮다. 고래를 만난다는 처음의 그 설렘과 펄펄 나던 기운은 어디로 가고 가을날 담벼락에 걸어 둔 시래기처럼 축 늘어졌다. 뜨겁고 갈증이 나고 배가 고파 오기 시작했다. 물을 마셨다.

"이럴 줄 알았으면 한국 식당에서 김치와 고추장 준다고 할 때 가져올걸."

이 PD는

"쌤, 우리가 지금 여기 여행 왔어요?"

"아 참, 그렇지 하도 지루해서 그러지요."

그리고 또 몇 시간이 흘렀다. 이번에는 이 PD가

"오늘 저녁은 돼지고기 두루치기 먹었으면 좋겠어요."

"아니, 이 PD 우리가 바다 낚시하러 온 줄 알아요. 채소도 없다는 이곳에서……."

말하면서 쳐다보니 햇볕에 그을려 이 PD 얼굴이 가을날 단풍처럼 발갛게 익어 가고 있었다. 그때 사람들이 저쪽으로 손짓하며 "발레오! 발레오!" 소리 질렀다. 나는 벌떡 일어섰다. 어부가 손짓해 주는 저 먼 곳을 바라보니, 어, 정말 고래가 푸우~ 하며 물을 뿜어내는 것이 아닌가. 와, 신기하다. 어른들 말씀대로 집채만 한 고래가 움직였다. 어부들은 몸에 둘렀던 천을 막대기에 걸어 흔들며 마을로 SOS를 보냈다. 여섯 척의 작은 배들이 우리 배를 도우려고 왔다. 고래와 술래잡기가 시작되었다. 고래는 "나 잡아 봐라" 하며 바다를 헤엄쳐 다니다가 잠수해 버렸다. 그때마다 우리는 고래가 모습을 드러내길 기다렸다. 사라져 버린 방향을 보고 있으면 반대편 방향에서 꼬리를 흔들어 댔고, 어부들은 낡은 막대기를 저으며 그쪽으로 따라갔다. 그렇게 한참을 허우적거리며 바다를 바라보고 있는데 저 멀리서 고래는 선명하게 꼬리를 한들거리며 내일 만나자는 인사를 던지고는 빠른 속도로 사라졌다.

▶ 고래 잡으러 출발하는 라마레라 사람들

어제 아쉬움만 주고 갔던 고래가 반드시 나타날지는 바다로 가 봐야 안다. 이정표와 미끼도 없이 우리는 오늘도 커다란 고래를 잡으려고 나섰다. 오늘은 물결이 어제보다 더 세찬 것 같다. 그래서 물빛도 더 진한 느낌이 든다. 바람이 아주 강하게 불자 어부들은 속도를 줄여야 한다며 닻을 내렸다. 파도에 배가 부딪히면서 부서진 물들이 찰랑거리며 발밑으로 들어왔다. 바람은 점점 강해졌다. 정말 손가락 두 마디만큼만 더 흔들리면 물이 와락 들어와 배가 가라앉을 것만 같았다. 온몸이 움찔거려지고…… 얼마나 그런 시간이 계속되었을까. 배 안에는 물이 차오르기 시작했고 그중에 제일 깡마르고 농담 잘하던 아저씨가 녹슨 빈 깡통으로 부지런히 물을 퍼냈다. 산골 아이로 자란 나는, 해가 산 너머로 뜨고 지는 것은 알아도 바다와 파도에 대해서는 잘 모른다. 더군다나 넓은 바다에서 일엽편주를 탄 경험은 난생처음이다. 배는 가끔 뒤집어질 듯 흔들렸다. 공복이라 멀미가 생기려 했다. 무섭기도 하지만 스릴은 청룡열차보다 더 좋았다. 해가 머리 위에서 약간 기운 것을 보니 정오는 조금 지난 것 같다. 우리는 고래를 잡으러 갔다가 오히려 고래먹이가 될 뻔했으니 오늘은 정말 바람 불어 위험한 날이었다.

▶ 고래잡이 돌아온 후 배를 해변으로 끌어올리는 모습

바다에서 배를 끌어올릴 땐 모래 위에 막대기를 철로처럼 두고 그 위로 끌어올린다.

긴장된 몸으로 얼마나 오랫동안 경쾌한 파도의 리듬을 탔던지 해변에 도착하니 전신이 뻐근하고 쑤셔 왔다. 돼지들이 해변의 까만 모래를 파헤치면서 놀고 있었다. 오늘은 돼지 팔자가 참 부럽다. 양쪽 귀에 구멍을 뚫어 줄을 매어 놓은 것이 재미있어 가방을 멘 채로 모래 위에 퍼질러 앉았다. 될 수 있는 대로 돼지 곁에 가까이 앉았다. 아이들이 모래에 누워 뒹굴기에 나도 아이들처럼 드러누워 사진을 찍고 숙소로 돌아와 가방을 열었다. 잠금장치의 자석으로 된 곳에 쇳가루가 소복하게 붙어 있었다. 아, 그래서 모래가 까만색이었구나!

저녁 식사를 마치고 민박집 아저씨에게 라마레라 마을의 역사를 듣기로 했다. 마을 어선은 23척이지만 평상시에 물고기를 잡을 때는 모터가 달린 배를 사용한다. 그러나 고래를 잡을 시 모터가 달린 배는 금지된다. 정말로 그랬다. 첫날 고래를 만났을 때 사람들은 "이야~ 이야~" 하면서 노를 저어 고래를 따라갔다. 라마레라 주민들은 약 1천여 명이고 마을에는 뚜안따나TuanTanah가 있다. 뚜안따나는 조상 대대로 물려받는다. 뚜안따나는 고래가 잡혔을 때 고래를 잘라서 마을 사람들에게 알맞게 분배하는 일을 맡고 있다. 그가 분배해 주는 것에 불만을 품거나 자신이 분배받은 부위가 마음에 안 든다고 다른 사람과 바꾸면 다음번 바다로 나갔을 경우에 해를 입는다고 말했다.

▶ 바다에서 고래가 나타나길 기다리는 중

　마을에서 전기를 쓸 수 있는 시간은 12시간이다. 오후 6시부터 다
음 날 아침 6시까지만 전력을 공급받는다. 그래서 첫날 06시에서 10분이
지났다고 헤어드라이어를 사용하지 못했다. 오늘도 아침은 건빵보다 맛
없는 비스킷으로 때웠다. 점심은 배가 고프다고 물을 많이 마실 수가 없
다. 종일 바다 위에서 목선을 타고 있으니 화장실을 갈 수가 없기 때문이
다. 저녁 식사시간이다. 그들은 옥수수밥이고 우리는 흰 쌀밥이다. 라마
레라는 화산지대라서 채소들이 귀하다. 반찬으로는 어쩌다 미꾸라지만
한 생선이 있거나 그렇지 않으면 삼벌^{고추양념}하고 삶은 싱콩^{카사바}잎 조금뿐
이다. 우리는 민박집에서 나흘 동안 아침저녁을 똑같은 메뉴로 먹었다.

식사시간에 주인아저씨가 이야기했다. 고래를 잡을 때 밧줄을 맨 창을 던진다. 고래의 급소를 찌르지 못하면 화가 난 고래가 난동을 부리며 바다로 가는 바람에 목선이 국경을 넘어 호주 바다까지 끌려간 적이 있었다고 한다. 목선과 어부를 발견한 호주 정부는 비행기로 귀국시켜 주었다고 했다. 외국까지 갔으니 좋은 일이라고 말하자 그들은 배를 잃어버렸기 때문에 오히려 슬픈 일이었다고 말했다. 라마레라Lamalera 사람들은 부정한 짓을 저질러 놓고 회개를 하지 않은 사람이 함께 탔거나, 고래를 잡은 것은 행운이지만 그 행운에 불운이 겹치면 그런 일을 당하게 된다고 말했다. 밤낮 모기가 많았다. 말라리아 치료예방법으로 고래 기름에 데친 파파야Papaya잎을 고래 고기와 함께 먹으면 좋다고 했다. 요리해서 주는데 인터뷰해야 한다며 자꾸 먹으라고 해서 먹었더니 고기는 질기고 파파야 잎은 써서 혀의 감각이 얼얼한 느낌이었다. 나흘 동안 목선을 타고 바다로 나갔다가 지금은 목선을 타고 집으로 돌아간다. 이른 아침부터 탔는데 하늘이 붉게 물든 저녁때까지 목선을 타고 몇 개의 섬을 지나 항구로 가고 있다. 인도네시아에 살면서부터 노을만 보면 가슴이 먹먹했다. 이제는 잊어야지 하면서 가슴속에 키워 온 커다란 그리움을 꺼내 바다로 던졌다. 낯선 바다에 던져야 그리움이 길을 잃어 다시는 나를 찾아오지 못하도록. 그리움이 던져진 바다는 노을이 슬프게 번지고 있었다. 안개가 나풀거리는 이른 새벽이다. 조급한 마음에 일찍 출발해서, 졸음이 와서 졸았더니, 머리카락이 흐트러져 엉망이다. 공항 세면대에서 거울에 비친 내 모습이 보였다. 모처럼만에 여자로 돌아와 거울 앞에 선 것이다. 팔과 손등은 식빵껍질처럼 가무잡잡하고 얼굴 양쪽 볼에는 여기저기에 기미가 그려져 있어 속상했다. 순간 나는 입은 잠바도 벗어 던지고 탐험이고 체험이고 다 때려치우고 여자이고 싶었다.

▶ 라마레라 아이들

플로레스 섬!

라마레라, 다시는 안 가고 싶으면서도 죽기 전에 한 번쯤 더 가 보고 싶어질 것 같다. 고생스럽게 겪은 일들이 나에게 살아 있는 교훈이길 바란다.

라마레라 마을이여, 플로레스 섬이여 안녕~

〈KBS VJ특공대〉 2007년 4월 방송

창살에 찔린 돌고래를 보면서

라마레라!

조용히 부르면 마을풍경이 내 가슴으로 파도처럼 스며든다.

라마레라! 라마레라!

주문을 외듯이 부르면 풀쩍 뛰어오르던 돌고래 떼들이 눈에 선하게 그려진다.

라마레라! 라마레라! 라마레라!

큰 소리로 고래고래 소리 지르면 커다란 고래가 "안 잡혀 줘서 미안 해" 꼬리 흔들며 사라지던 그 아쉬웠던 순간이 떠오른다.

▶ 등지느러미가 창에 찔린 채 헤엄치는 돌고래

라마레라는 3년 전 떠나가면서 '다시는 라마레라에 오지 않겠지만 죽기 전에 꼭 한 번은 와 보고 싶을 것 같은 참으로 아름다운 곳이다'라는 메시지를 바다 위에 띄워 두고 왔던 곳이다.

그렇게 가기 싫던 라마레라에 나는 똑같은 일로 오게 되었다. 라마레라 사람들의 지혜와 용기는 지금 내가 가진 언어로는 표현이 부족할 정도로 대단했다. 어떻게 작은 목선을 타고 장대 끝에 쇠갈고리 하나 달랑 묶어서 집채 같은 고래를 잡을 생각을 했을까.

어제도 오늘도 고래를 잡으려고 목선 타고 바다로 갔다. 목선이 한 시간쯤 가다가 바다 중간에 멈췄다. 한 남자^{띠깜}가 뱃머리에 올라서더니 바다를 보고 거수경례를 했다. 고래를 잡기 위해 바다 신에게 인사를 하는 걸까. 인사를 하면 절을 하지 왜 거수경례를 하지? 나는 띠깜에게 누구에게 경례를 하는지 물어봤더니 경례를 하는 것이 아니라 떨어지는 햇살이 눈부셔서 햇살을 받치고 고래가 어디쯤 있는지 살피고 있는 중이라고 말했다.

띠깜은 나와 이야기하면서 장대 끝에 갈고리를 끼웠다. 장대 끝에 걸린 갈고리에 자신의 운명도 함께 걸고 바닷속으로 뛰어든다고 말했다. 띠깜이 자격증을 거머쥔 것은 아니지만 그렇다고 아무나 띠깜이 될 수는 없는 위험한 역할이라고 한다. 띠깜이 되려면 어릴 적부터 수영과 창던지기를 꾸준히 훈련해야 하며 그런 자만 띠깜으로 인정받는다고 한다. 띠깜은 흔들리는 뱃머리에 서서 무서워하지 않고 고래와 싸울 용기가 있어야 하고 또 선원들을 다스릴 줄도 알아야 한다. 만일에 고래 잡다가 불미스러운 일이 생겨도 자신이 책임질 줄 아는 사람만이 띠깜이 되는 것이라며 띠깜교육헌장을 읊어대듯이 알려 줬다. 갑자기 띠깜이 "발레오^{Baleo}" 하며 소리쳤다. '발레오'는 라마레라 사람들이 '고래를 봤다'는 신호다. 심마니들의 '심봤다'와 같은 소리다. 선원들은 순간적으로 일심동체가 되어 "일리베 일리베"라고 외치면서 노를 저었다. 목선의 속도가 점점 빨라지고 상황이 급박해졌다. 띠깜은 들고 있던 창에 자신의 몸무게까지 실어 바다로 뛰어들었다. 띠깜이 헤엄쳐서 목선 위로 올라왔다. 창을 던지면서 자신도 함께 바다로 뛰어들었던 이유는 창끝에 중력을 더해 주기 위함이라고 했다. 창살은 물에 떠 있었다. 바닷물 속에서 물체가 움직이자 언뜻 보이는데 돌고래 등에 창이 꽂혀 있었다. 선원들은 줄을 당겼다. 바다에 빨간 물감을 풀어놓은 듯했다. 입이 가느다랗고 삐죽하게 나온 회색돌고래였다. 선원들은 돌고래를 배로 끌어올렸다. 아직 숨을 헐떡거리는 돌고래 주둥이를 망치로 사정없이 내리쳤다.

▶ 잡은 돌고래를 옆에 두고 배를 해변으로 끌어올리는 장면

해마다 5월에서 10월까지 라마레라 앞바다는 고래들이 이동하는 철이다. 오늘 잡힌 이 돌고래도 친구들과 함께 떼 지어 가다가 한눈파는 바람에 등에 창을 맞은 것인지도 모른다. 창을 맞았을 때 좀 더 사납게 헤엄쳤더라면 상처 난 몸으로라도 도망갈 수 있었을 터인데, 온순한 돌고래여서 우리에게 선물로 잡혀 주었는지도 모른다. 한편 내 눈에는 띠깜이 아주 자랑스러워 보였다. 고래나 돌고래를 잡은 띠깜은 선원들에게 어깨를 으스대는 것처럼 보였다. 돌고래를 해변에 눕혀 두고 사람들은 고기를 분배했다. 띠깜이 제일 좋은 부위와 많은 양을 가져가고 그다음 목선 주인, 이런 순서대로 어부들에게 그들만의 원칙대로 분배했다. 돌고래고기 분배하는 일을 외팔인 분이 물끄러미 바라보고 있었다. 그분은 띠깜이었다. 고래 잡으려고 창 던질 때 창에 묶인 밧줄에 자신의 팔이 감겨서 그만 한쪽 팔을 바다에서 잃어버린 것이다. 외팔이가 된 모습으로 이제 더 이상 창을 던질 수는 없지만 그래도 바다마저 떠날 수는 없다며 해변에서 잔일을 도왔다. 그의 손등은 거북이 등딱지처럼 두꺼웠고 세월의 지문이 잔뜩 새겨져 있었다. 그분이야말로 전통적인 고래잡이 라마레라의 산증인인 노장띠깜이다.

아낙네들의 새벽 행상

새벽 02:15분!

달콤한 잠에 빠져 있는 시간에 '새벽시장 갈 시간'이라며 밖에서 방문을 두드렸다. 어젯밤에 분명히 민박하는 집 앞으로 03시경에 버스가 온다고 했다. 그런데 이 시간개념 없는 시골버스 운전기사는 얼마나 급했으면 02시 30분인데 벌써 와서 기다리고 있었을까. 정말이지 일어나기 싫어 밤사이 모기에 물린 팔뚝만 긁적이고 있었다. 라마레라 사람들은 7

일장에 간다. 그러나 중간에 필요한 것을 구입하기 위해선 아낙네들이 이웃마을로 행상을 나간다. 오늘이 바로 행상 나가는 날이고 함께 가겠다고 어제 약속했었다.

　어제는 고래 잡으려고 바다로 돌아다녔고 오늘은 산 너머 새벽시장을 가야 한다. 벌써 며칠 째인가, 피로가 온몸에 더덕더덕 엉겨 붙은 느낌이다. 나는 모기에게 물려 가려운 곳에 물파스를 찍찍 눌러 바르고 방문을 나와 운동화를 신었다. 직업의식 때문일까, 신발 끈을 묶고 일어서는데 없던 힘이 솟아나면서 몸에 붙었던 피로들이 가을날 단풍 떨어지듯 후드득 떨어져 나갔다.

　지나치게 미리 와 기다려 준 얄미운 버스를 탔다. 내가 탄 버스는 이름만 버스지 커다란 8톤 트럭이다. 짐칸에 긴 의자 마주 보게 해 놓고 천막으로 덮어씌운 차다. 내 눈에는 '트럭'이지만 그곳 사람들이 '버스'라고 말하면 나도 '버스'라고 해야만 한다. 그래야만 그곳에 있는 동안 그들과 의사전달이 잘되기 때문이다. 마을 사람들은 보따리를 머리에 이고 손에 들고 버스로 올라탔다. 차 안에는 사람보다 짐들이 더 많았다. 한 아줌마는 살아 있는 닭 한 마리와 빈 물통을 껴안고 있었다. 스리삐낭^{Sri Pinang, 여}자들이 삐낭과 스리 잎과 분필 가루를 씹는 것을 즐겨 씹은 탓으로 웃을 때마다 붉게 물든 치아들을 보여 주는 아줌마, 그 옆의 젊은 여자는 가오리 몇 조각과 덜 마른 생선 두 마리 그리고 고래 고기 말린 것을 갖고 있었다. 나는 젊은 여자 옆으로 가서 비집고 앉았다.

▶ 행상으로 고래 고기를 팔고 있는 모습

　차 안의 풍경이 다양하듯이 냄새 또한 풍부했다. 신경통 앓는 아주
머니가 꺼내 바른 발삼물파스 대신 바르는 연고냄새, 아저씨의 담배 연기와 생선
들의 퀴퀴함이 차가 흔들릴 때마다 풀풀 날아다녔다. 내가 제일 뒤쪽에
탔기에 망정이지 앞쪽에 탔더라면 꼼짝달싹도 못하고 냄새를 꿀꺽꿀꺽
들이마셨을 것이다. 냄새를 피하려고 머리를 밖으로 내밀었다. 아니, 차
지붕에서 꿀꿀거리는 돼지 소리가 들려왔다. 문득 트럭에 실려 팔려가던
소의 모습이 떠올랐고 마치 내가 그 소가 된 기분이 들어 킬킬 웃음이 나
왔다. 버스는 자갈길을 길게 두세 번 오르락내리락하더니 멈췄다. 내가
따라다녀야 할 다섯 명의 아낙네들이 모두 내렸다. 나도 내렸다. 새벽 4
시가 못 되었고 아직 사방이 컴컴하다. 보따리와 아낙네들은 흙가 비슷한
곳에서 날이 밝길 기다리며 토막잠을 잤다. 주인을 따라서 두 마리의 생
선도 머리를 처박은 채 자고 있었다. 길섶 차가운 바닥에 몸을 대고 자는
그들을 보면서 나도 잠시 눈을 감았다.
　내가 사십 년 이상 기도해 오던 주기도문 중에서 "오늘날 우리에게

일용할 양식을 주시고……"라는 말씀이 왜 있는지 그제야 이해하게 됐다. 또 그들이 고래 잡으러 갈 때 배 위에서 그 부분을 왜 그렇게 큰 소리로 외쳤는지도. 그때 나는 가난한 사람들에게 하루 세 끼 식사는 참으로 많은 횟수라는 생각마저 들었다. 새벽이 먼저 눈을 떴다. 아낙네들도 눈을 떴지만 아직 잠이 덜 깬 듯해 보였다. 아낙네들은 두 팔로 물건을 선반 위에 올려놓듯이 보따리를 자신들의 머리 위에 올려놓았다. 그러고는 바쁜 걸음으로 마을 골목길을 잘도 쏘다녔다. 골목 여기저기서 부르는 소리가 들렸다. 급한 발길을 멈춰도 보따리들은 꼼짝도 하지 않고 머리 위에 얌전히 붙어 있었다.

아낙네들 중에 아주 젊은 여자는 올해 스물아홉 살이고 시어머니와 함께 행상을 다녔다. 태어나서 라마레라를 벗어나 본 적이 없다고 한다. 아니 태어나서 지금까지 한 번도 화장품을 발라 보지 못했다는 여자, 미시족으로 멋 부리고 살아도 여자의 욕심으로 성이 차지 않을 나이다. 그런데 보따리를 이고 시어머니 또래들과 이 마을 저 마을로 행상을 다니고 있었다. 무거운 보따리를 머리에 이고 나 같으면 한 발자국도 걷지 못했을 터인데 그녀는 걷기도 잘했고 게다가 웃기(?)도 잘했다.

▶ 나란히 행상 다니면서 고부간에 피우는 웃음꽃

그 젊은 아낙네 머리 위의 보따리 부피가 빨리 줄어들면 그만큼 그녀에게는 가족들을 위한 식량이 준비되고 보람된 하루가 될 것이다. 그러나 같은 여자의 눈으로 봐서 그럴까, 그녀의 보따리 부피가 빨리 줄어들면 줄어들수록 젊은 그녀가 산 넘어 힘든 새벽 행상을 더 자주 다녀야 할 것 같다. 그래서 내 가슴 한구석이 짠하게 아파 왔다. 예전에 라마레라에 와서 얼굴이 검게 그을었다고 투덜거렸던 게 생각났다. 그러나 내가 저들보다 더 풍요롭고 행복하게 살고 있지 않은가. 나는 지금 내가 하고 있는 이 일이 너무 즐겁고 감사했다.

<EBS 세계테마기행> 2010년 12월 방송

▶ 컵라면에 물 부은 후 기다리는 것보다 더 지루한 건 바다에서 고래를 기다리는 일

마두라 까라빤 사삐(소 경주)

맨 처음 인도네시아에 왔을 때 먼저 살았던 한국인들로부터 마두라 사람들은 '난폭하다, 걸핏하면 낫 들고 싸운다'는 말을 자주 들었다. 내가 다니는 인도네시아교회 목사님도 마두라 출신이다. 오래전 고향을 떠나 도시에서 교회를 개척한 후 고향에 갔더니 이웃 사람들이 예수 전도한다 며 십여 명이 낫 들고 집으로 쳐들어왔더라는 이야길 설교시간에 듣기도 했다.

마두라 섬에는 우리나라 청도의 소싸움만큼 유명한 까라빤 사삐 Karapan Sapi 소 경주가 있다. 씨름판 같은 곳에서 하는 게 청도 소싸움이라 면 마두라 까라빤 사삐는 200m 달리기 구경하는 것처럼 생동감이 넘친 다. 수라바야에서 배를 타고 마두라 섬에 들어섰다. 저 멀리에 하얀 눈덩 어리들이 곳곳에 쌓여 있었다. 그 옆에는 풍차를 돌리면서 일하는 아저씨 의 모습도 보였다. 가던 길을 멈추고 그곳으로 갔더니 눈이 아니라 소금 을 쌓아 둔 것이었다. 아참, 마두라 소금이 인도네시아 소금 생산의 절반 이상을 차지한다지. 나는 소 경주를 취재하러 가면서 '마두라 사람들이 아무리 난폭하다고 한들 가만히 있는 사람 낫으로 찍어 내리지는 않겠지, 더군다나 까라빤 사삐 구경하는데'라고 생각했다.

▶ 환영의 춤(따리 뻬쭛)

▶ 예쁘게 꾸며 놓은 경주할 소들

마두라 전통 집에 도착했다. 그곳에서 미리 약속한 관광청 직원을 만나 까라빤 사삐 취재에 도움을 받기로 했다. 그들은 반갑게 맞아 주면서 특별음식 소또아얌^{Soto Ayam}과 음료까지 대접해 주었다. 식사 후 커피를 마시면서 나는 관광청 직원에게 까라빤 사삐의 유래에 대하여 물었다. 아주 오래전 밭일하던 농부 둘이서 누구의 소가 더 빨리 걸어가는지 내기하자며 했던 것이 유래가 되어 마두라 섬의 자랑거리인 지금의 까라빤 사삐가 되었다. 그러면서 내일 까라빤 사삐에 참가할 소 주인을 소개시켜 주었다.

그 지역에서 제일 큰 집이며 집 담장이 총 98m로 마두라 돌담길이라 해도 딱 어울릴 것 같았다. 마구간에는 까라빤 사삐가 30마리 있었다. 마구간 앞에는 소 키우는 젊은 남자 열 명이 분주하게 마구간 청소를 하고 있었다. 시멘트바닥이 얼마나 깨끗한지 소똥 하나 없었다. 그 많은 소들에게 먹이는 일주일 양식으로 오리 알 5천 개를 먹이고 전통 민간음료 자무, 커피, 비타민과 피로회복제를 한 마리당 10알씩 먹인다고 한다. 오후가 되자 내일 대회에 나갈 소 여섯 마리는 들판으로 데리고 나가서 연습시켰다. 연습장에서 내가 소를 타 보고 싶다고 했더니 소 주인이 타도록 허락해 주었다. 양손에 소꼬리를 잡았다. 꼬리를 잡으니 소들은 아주 민감한 반응을 보였고 썰매 중간에서 비스듬히 서야 했기에 너무 긴장한 탓에 5분 정도 타고 내렸는데도 다리가 후들거려서 마치 술에 취한 사람처럼 비틀거려 걸을 수가 없었다.

밤 아홉 시에 젊은이들은 가마솥에 장작불을 피웠다. 물을 끓여 따뜻한 물로 소들을 목욕시켰다. 컨디션 조절을 위해 달밤에 머리를 높이 드는 운동을 시켰다. 소가 달릴 때 머리를 높이 들어야 잘 달린다는 것이다. 운동시키고 비타민과 자무와 여러 가지 섞은 것을 파이프에 담아 소 입으로 넣어 먹였다. 참으로 호강하는 소들이다.

　　다음 날 경기장에 도착하니 많은 소들이 와 있었다. 어떤 사람은 소
가 시원하도록 온몸에 물을 뿌려 주는가 하면 최상의 컨디션을 위해 다
리나 엉덩이를 마사지해 주었다. 경기 시작 전에 소들은 목걸이와 옷까지
입고 운동장을 걸었다. 그 뒤에 풍물패거리들이 음악에 맞춰 흥겹게 춤을
추며 함께 따라 걸었다. 아름답게 치장한 소를 심사하는 것도 있지만 소
들에게 달릴 코스를 미리 알려 주는 예행연습이기도 하다. 까라빤 사삐의
특징은 두 마리 소가 한 조를 이루어 달린다. 소 두 마리 중간에 썰매막대
를 달아 그 위에 조끼가 타는데 소에게 속력을 조정하는 선수다. 조끼는
초등학생처럼 몸집이 작은 사람들로 선택하는데 무게를 조금이라도 줄
이려는 것이다. 소의 목에는 빈 비닐봉지를 매달아 놓는데 달릴 때 바람
이 불어 바스락거리는 소리에 소가 겁을 먹고 더 빨리 달리게 된다. 조끼
가 양손에 못이 박힌 작은 막대를 들고 있는데, 깃발과 함께 출발이 시작
되면 조끼는 양손에 소꼬리를 쥐고 못이 박힌 작은 막대로 엉덩이를 자
극한다. 소는 아픔을 느껴 빨리 달리게 된다. 중간 중간 빈 깡통에 돌멩이
를 넣어 딸랑거리는 소리를 낸다. 그러면 소는 더욱더 빨리 달리게 된다.

220m를 14초에 달렸다. 사진 찍으려면 정말 순간포착을 잘해야 했다. 건조한 운동장을 소가 달리면 썰매막대가 땅에 끌리면서 먼지가 풀풀 일어나는데 정말 역동감이 느껴진다.

느리다는 소가 저렇게 달리자면 얼마나 많은 훈련과 자극을 주었을까? 그것도 아니면 정말로 마두라 사람들이 난폭해 미련스러운 소에게서도 저런 속도를 얻어낼 수 있었을까? 그날 내가 타 보았던 그 소들이 우승했다. 그 남자는 열두 번째 우승을 했다. 우승할 때마다 아내를 한 사람씩 얻어 결혼했다. 그 남자는 아내가 열둘이요 자식은 삼십여 명이라고 한다. 그러나 그에게 가장 소중한 건 까라빤 사삐였고 자식도 아내도 소 다음이라고 했다.

마두라 섬의 까라빤 사삐는 해마다 8월에 열린다. 까라빤 사삐는 면·군·대통령배까지 있다. 해마다 까라빤 사삐를 구경하러 모여드는 관객들은 수천 명에 이르며 정말 볼만한 경기다. 마두라 속담에 '부끄럽게 사느니 차라리 죽는 편이 낫다Lebih baik mati daripada malu'는 말이 있을 정도로 자존심을 아주 중요시하는 부족들이다. 그래서 싸움을 할 때도 쩔루릿으로 하는 때가 있었다고 한다. 마두라 관광 상품으로는 쩔루릿이 유명하다. 쩔루릿은 낫이다. 마두라 말로 고맙습니다. 살깔랑꽁.

<SBS 지구촌VJ특급> 2008년 11월 방송

모래 없이 못 살아

모래 침대?

응, 모래 침대!

마두라 섬 끄트머리 수머넙 바땅바땅 러궁에 가면 모래와 함께 생활하는 사람들이 있다기에 나는 그 마을로 취재하러 갔다. 차에서 내려 몇 발자국 가는데 모래가 깔려 있었다. 여길 봐도 모래 저길 봐도 모래 정말 모래들이 곳곳에 있었다. 마을의 집들은 마치 해변에 조립식 집들이 마을을 이룬 것처럼 느껴졌다. 좁다란 골목길에 들어섰다. 집들이 오래되었고, 많이 낡은 집들이었고, 마당에는 하나같이 모래들이 쫙 깔려 있었다. 나는 골목길을 다니면서 어느 집 마당이 가장 넓은가 하며 찾아다녔다. 햇살이 살짝 내려앉은 마당에 할머니가 손녀를 무릎에 앉혀 놓고 한 손으로 모래를 채 치고 있었다. 나는 할머니에게로 다가가서 할머니가 채로 친 모래를 만져 보았다. 모래가 아주 부드러워 먼지에 가까웠다.

"할머니 왜 마당의 모래를 채로 흔들고 계세요?"

"마당에 쓰레기가 있어 더러워 청소하는 중이야!"

할머니는 채로 흔들어서 걸러 낸 쓰레기들을 옆에 모으면서 마을의 노인들이 다리가 쑤시고 아플 때 모래 속에 파묻어 두면 시원해지고 밤에 잠도 편하게 잘 수 있어 다들 그렇게 한다고 했다. 내가 굉장히 신기해하자 할머니는 웃으며 계속 모래를 떠 채로 걸렀다. 그때 이웃집 아주머니들이 우르르 몰려왔다. 그중에서 수다 떨기를 좋아하는 아주머니에게 집 마당에도 모래가 있는지 물었더니 아주머니는 대답도 하지 않고 내 손목을 잡고 옆집으로 갔다. 그 집 마당에도 모래가 있었는데 나를 방 안으로 데리고 갔다. 방바닥이 안 보이도록 모래를 깔아 두었다. 그렇게 깔린 모래 위에 앉으면서 그 방이 자신들의 안방이라고 했다. 그때 동네 아주머

▶ 모래가 깔린 마당에서 편하게 자는 모습

니들이 우르르 몰려왔고 내가 있는 방 안으로 들어왔다. 아이를 안고 온 아주머니는 아이를 내려놓았다. 아이를 보고 나는 아이들이 물을 쏟거나 오줌을 싸면 모래 청소를 어떻게 하냐고 했더니 두 손으로 모래를 떠서 마당으로 버린다고 했다. 나는 물을 한 컵 달라고 해서 물을 모래에 부었다. 모래는 굳어졌다. 아주머니는 굳어진 모래를 아까 말한 대로 두 손으로 떠서 마당으로 던졌다. 사실 그때까지만 해도 나는 가난한 사람들이라 맨땅에 잠자기는 뭣하고 매트리스 살 형편은 안 되고 해서 그러는 줄 알았다.

　아주 좋은 집에 들어가 봤다. 그 집은 정말 좋은 집이었다. 안방에는 침대와 매트리스까지 놓여 있었다. 그런데 그 침대 옆에도 모래가 깔려 있었다. 침대를 놔두고 모래침대를 만든 이유가 궁금했는데 아주머니가 말했다. 자신들은 형편이 넉넉하여 아이들이 침대를 사자고 해서 샀지만 자신은 모래 위에서 잠을 자야 편히 잘 수가 있다고 했다. 그러면서 아이들을 모래 위에서 출산했다고 말했다. 그 옆에 만삭인 임산부가 있었다.

그 임산부는 모래 위에서 자는 것이 매트리스 위에서 자는 것보다 편한데, 모래는 임산부의 체형을 그대로 받아 주기 때문에 훨씬 더 편하다고 말했다. 나와 이야기할 때마다 카메라로 촬영해 주니 시골동네 아주머니들은 저마다 한마디씩 해 보고 싶어 했다. 한 아주머니는 알레르기가 있는데 가려울 때 이렇게 모래로 문질러 주면 시원해진다며 다리에 모래를 올려놓고 문질렀다. 아기가 칭얼거리자 아기 등허리에다 모래를 얹어 문질러 주었다. 그러자 칭얼거리던 아기가 그만 사르르 잠이 들었다. 그 참 신기했다. 모래는 마당과 안방 그리고 부엌에까지 깔려 있었다. 어느 집에서는 아줌마들이 모여 모래를 걸러 내는 채를 여럿이서 만들고 있었다.

그 할머니를 보니 갑자기 엄마 생각이 났다. 엄마는 신경통이 심하여 시골로 찾아온 세일즈맨에게 비싼 가격으로 옥침대를 사셨다. 옥 침대에서 주무신 첫날 전화로 몸이 개운한 게 안 아파서 살맛난다고 하셨다. 그리고 얼마 후 엄마는 일어나시다가 옥 침대 모서리에 넘어져 허리를 다쳤고 그로 인해 치매까지 앓다가 돌아가셨다. 엄마가 그렇게 좋아하던 그 옥 침대는 엄마와 나의 행복을 거둬 가 버렸고 내 가슴속에 그리움만 심어 놓았다. 만약 엄마도 옥 침대가 아닌 러궁 마을 사람들처럼 모래 침대를 사용하였더라면 넘어져도 다치지 않았을 터인데 하는 생각을 하기도 했다.

<KBS 지구촌뉴스> 2008년 4월 방송

◀ 마을의 행사도 모래 위에서

◀ 모래 채 만드는 아주머니들

◀ 기저귀를 하지 않은
아기와 어린아이들도
모래 위에서

바다의 집시 빨라우족

깔리만탄 섬 동쪽 바다에서 살아가는 바다의 집시, 빨라우족!

빨라우는 배^{삐라후}에서 가져 온 바자우 언어로 '배에서 사는 사람들'이란 뜻이다. 그들은 필리핀에서 고기를 잡으러 바다로, 바다로 떠다니다 인도네시아 깔리만딴 바다까지 떠내려와 바다에서 살고 있다. 배에서 태어나 배에서 일생을 마감하는 그들은 빨라우족^{Palau}이다. 빨라우족을 만나려고 깔리만탄섬 딴중러덥^{Redeb}에서 바뚜뿌띠까지 자동차로 다섯 시간 정도 타고 갔다. 비포장을 달릴 땐 소달구지 타는 것 같았고 포장도로의 굽어진 길과 경사가 심한 길을 지날 땐 청룡열차 타는 것만큼 스릴 있었다. 스릴이 지나쳐 생전에 하지도 않던 차멀미까지 했다.

바다에 열 척 남짓한 배들이 옹기종기 떠 있었다. 빨라우족 전부가 백여 명이다. 나는 그들 배에 올라탔다. 타고 보니 모양은 배였지만 구조는 다목적으로 사용하였다. 뱃머리는 발코니, 뒤편은 부엌과 창고, 중앙에는 방, 그리고 지붕에는 잡은 생선을 널어 말렸다. 그야말로 움직이는 집이었다. 좁은 배에서 삼 대가 사는 가족도 있어 공간이 너무 좁았다. 게다가 지붕에 말리고 있는 생선들 때문에 바퀴벌레들이 슬금슬금 내 운동화 밑으로 기어 다녔다. 육지면 밖에라도 나가 있으련만 바다 위라 그럴 수도 없었다.

▶ 빨라우족들의 아지트 마님보라 섬

　　빨라우족은 바다를 아주 신성시했다. 아기가 태어나면 탯줄을 자른 후 바닷물에 아기를 잠수시킨다. 잠수 후 밖으로 나왔을 때 아기가 울지 않으면 빨라우족으로 살아갈 운명이라 함께 살고, 울면 육지로 보낸다고 했다. 사람이 죽으면 수장하는 것이 아니라 아름다운 마님보라^{Manimbara} 섬에 묻었고 매년 그곳에서 평안을 기원하는 제를 올리기도 한다. 그들은 장례가 끝나면 모두들 바다로 들어가서 악귀나 재앙을 씻는 것이 풍습이다. 바다를 향해 직접 소변보는 일은 바다 신에게 무례한 짓이기에 금한다. 주식은 해초와 조개, 생선이고 가끔 해산물을 육지로 가져가서 쌀과 바꿔 오기도 한다. 빨라우족이 생선을 쌀로 바꾸려고 육지로 갈 때 나도 함께 갔다. 배에서 내린 그들은 흔들리는 자동차에서 내가 멀미했듯이 육지에서 마취 술에 취한 사람처럼 휘청거리며 걸었다. 왜 땅에서 휘청걸음으로 걷느냐는 내 질문에 늘 일렁거리는 파도와 살았기에 흔들림이 없는 육지가 오히려 불편하고 멀미나게 만든다고 했다. 빨라우족이 술에 취한 듯 휘청거리며 걸었던 건 파도의 리듬이 몸에 뱄기 때문이라고 말했다.

빨라우족의 가장 큰 소망은 배 한 척을 갖는 것이었다. 커다란 원양 어선이나 여객선이 아니라 배가 너무 낡아 세 시간마다 삼십 분씩 바가지로 물을 퍼내는 수고를 덜 수 있는 배, 또 다른 사람은 지금 가진 목선 위에 비가 와도 새지 않는 좋은 천막만 있으면 하는 거였다. 그랬다. 천막이 그들에게는 엄청 중요하다. 비 오는 날 지붕 위에 쳐진 천막으로 빗물이 떨어지면 그 빗물을 받아 식수로 사용하니까. 넓은 바다지만 작은 배에서 생활한 탓일까 그들의 꿈도 소박했다.

우리들은 하루 종일 비워 놓을 집을 마련하기 위해 하루 종일 밖에서 일하며 가족과 떨어져 살기도 하는데 빨라우족들은 하루 종일 배에서 일하고 하루 종일 배에서 가족들과 함께 생활했다. 빨라우족에게 배는 달팽이의 집과도 같다.

<MBC 김혜수의 W> 2010년 10월 방송

▶ 배 지붕 위에서 생선을 말리는 여자

▶ 햇볕이 뜨거워도 배 위가 더 좋아

▶ 장대에 말려 놓은 조갯살이 주렁주렁

▶ 언니야, 그거 나도 먹고 싶은데

수영하는 물소들의 눈망울

한국인 남녀 두 사람에게 수라바야 국제공항에서 벌어진 일이다. 인도네시아 지도를 펴 놓고 지나가는 사람들을 붙잡았다. 그리고는 '아문따이, 아문따이' 아느냐고 물었다. 인도네시아 사람들은 먼찐따이^{Mencintai}를 모두 잘 알고 있다. 알아도 아주 잘 안다. 그러나 아문따이^{Amuntai}를 아는 사람은 아무도 없었다. 먼찐따이는 '사랑한다'는 말이고 아문따이는 물소들이 사는 늪지대로 깔리만딴 섬 남부 지역의 자그마한 도시 이름이다. 그렇다면 왜 이 두 사람이 그렇게 '아문따이'를 외쳤을까.

방송 프로그램의 내용을 주고받으면서 출연자들이 공항에서 미션 찾는 모습을 촬영해야 한다기에 어느 공항이 좋을까, 나는 잠시 생각해 봤다. 자카르타 공항은 너무 번잡하고 말랑 공항은 이름만 공항이지 공군 비행장이라 너무 작아 수라바야 공항이 가장 적격이라고 판단했다. 제작팀들이 수라바야 공항에 도착했다. 카메라 두 대가 여기저기서 찍고 있다. 두 남녀가 한국말로 대화하다가 한 사람이 바닥에 퍼질러 눕고 난리를 피우니까 공항에 배웅과 마중 나왔던 사람들이 도대체 무슨 일인가 하고 사람들이 몰려들기 시작했다. 가방을 끌고 나가던 사람도 목이 빠져라 뒤돌아보면서 갔고, 담배 불붙이려던 사람도, 무료하게 기다리다가 공항 바닥에 퍼질러 잠자던 사람들까지 벌떡 일어나 촬영하는 우리를 에워싸 버렸다.

자바 섬 수라바야에서 국내선을 타고 깔리만탄 섬 중심도시 반자르마신에 도착했다. 반자르마신에서 아문따이로 가는 동안 자동차 안에서 몸이 뒤틀리고 허리에 통증을 느끼기 시작했다. 그러나 쉴 만한 곳이 없어 5시간을 논스톱으로 달렸다. 그곳은 홀르 숭아이 우따라^{Kabupaten Hulu Sungai Utara} 아문따이의 군청관사였다. 우리가 촬영하러 간다고 연락했더니 숙소까지 제공해 주시고 축협소장님은 가족들을 데리고 나와 기다리고 있었다. 그 마음이 매우 고마웠다. 그러나 출연자들도 있고 해서 숙소가 너무 허름하면 호텔로 옮기려고 내가 먼저 살펴봤더니 관사치고는 꽤 좋았다. 오지로 다녀 본 내 경험에 의하면 그곳 관사는 웬만한 시골의 별 달린 호텔보다 시설이 훨씬 더 좋았다.

　자동차에서 내린 짐을 들고 이 층으로 올라가는데 여자출연자가 고함을 질렀다. 벽에 다닥다닥 붙어 있는 찌짝을 본 것이다. 하긴 나도 처음 인도네시아에 와서 찌짝 보고 놀란 가슴을 가라앉히는 데 몇 년은 걸렸다고 해도 그리 허풍은 아니다. 그런데 도마뱀처럼 생긴 것이 꼬물꼬물 거리며 기어 다니는 걸 아가씨가 봤으니……. 나는 찌짝Cicak은 절대 사람을 해치는 곤충이 아니라고 달랬다. 겨우 두 발자국 옮겼을까 이번에는 더 큰 소리로 고함을 질렀다. 개구리를 본 것이다. 그 광경을 본 현지인들은 한국에는 개구리가 없는 줄로 알고 쫓아내려고 했다. 그러면서 나보고 괜찮은지 물어 왔다. 나도 이 나이에 호들갑을 떨 수야 있겠지만, 그래도 어릴 적 개구리 잡아 뒷다리 구워 먹은 추억을 왜곡하기는 싫었다. 아가씨의 엄살, 내 보기에는 개구리가 개처럼 짖어대며 신발을 물어뜯으려는 것도 아니고 그저 땅바닥에 가만히 웅크리고 있었다. 그런데 그런 개구리를 보고 여자출연자가 괴성을 질러대니 오히려 개구리가 경기해 도망가려고 폴짝 뛴다는 것이 그만 여자 신발 위로 갔다. 여자는 더욱 괴성을 질렀고 그 괴성은 그날 밤 아문따이 밤하늘로 울려 퍼졌다. 저녁을 먹어야 하는데 너무 늦은 시간이라서 레스토랑은 모두 문을 닫은 상태였고 허름했지만 널찍한 포장마차 집이 있었다. 그곳에서 닭 다리를 숯불에 구워 흰밥이랑 고추와 마늘을 살짝 익혀서 버무려진 고추 양념을 돌로 골고루 발라 가면서 먹었다. 아침부터 제대로 못 먹은 탓에 출연자 둘도 맛있다고 하고 제작진과 나도 잘 먹었다. 배부른 것에 비해 식사 값이 아주 저렴하게 나왔다. 그런데 주 PD는 축협소장님의 가족들 밥값까지 지불한 것이

아까운지 왜 가족들까지 와서 밥을 먹느냐고 내게 물었다. 호텔 요금 아
끼도록 관사에 공짜로 재워 주는 그들의 배려와 고마움도 모르고 밥값 몇
푼을 가지고 불만을 품는 PD에게 인도네시아 문화와 현실을 어떻게 낱낱
이 알려 줘야 할까.

　　아침이 되어 자동차로 두 시간 더 갔다. 그다음 스피드보트를 타고
강을 지나면서 보는데 뭐든지 물 위에 있었다. 집도 학교도 구멍가게도
목재소도. 지나치면서 바라만 봤던 저 수상가옥들, 저런 집에 들어가면
어떤 느낌일까 늘 궁금했었는데 내가 그 집에 들어선 것이다. 배를 탄 기
분이기도 하고 홍수 위에 떠내려가는 기분도 들었다. 마을의 도로가 나무
로 깔아 놓은 것이 흡사 기찻길 같았다. 마을 사람들이 구름떼처럼 몰려
들어서 우리를 구경했다. 동장님은 아주 반갑게 맞아 주었다. 과자도 내
어주고 귀한 생수도 대접해 주면서 하룻밤 함께 묵을 수 있다면 영광이라
고 했다.

▶ 훌루숭아이 마을 전경

강으로 갔다. 사람들은 물소를 키우기도 하지만 물소가 없는 사람들은 강에서 물고기를 잡아 생계를 이어 간다. 우리는 작은 목선 3대로 나눠 타고 물고기를 잡으러 갔다. 나와 함께 탄 주 PD는 자꾸 출연자들이 개고생 해야 하는데 짓궂은 걸 시켜 달라고 부탁했다. 출연자들과 함께 탄 사공에게 강물을 마실 수 있는지 물었다. 그는 더러워서 못 마신다고 고개를 내저었다. 그래도 한번 마셔 보라고 권하니 정말 손으로 여러 번 퍼 마셨다. 이걸 옆에서 본 남자출연자 노숙자도 "이렇게요." 하면서 자신의 손으로 강물을 퍼마셨다. 얕은 강바닥을 헤집고 다니면서 미리 놓아둔 그물을 건져 보고, 가져온 투망을 쳐 봤지만 물고기는 한 마리도 잡지 못했다. 여러 사람들이 가서 물장난하고 떠들었으니 시끄러워서 물고기들이 도망가 버렸는지도 모른다. 물고기는 잡지 못하고 어부들에게 노래 한 곡 불러 주고 물고기 한 마리 얻어서 돌아왔다.

처음에 스피드보트 타고 올 때는 흥분해서 그랬는지 물 빛깔을 몰랐다. 그러나 목선을 타고 천천히 가다 보니 강물 색깔은 인도네시아 강에서 늘 보던 황토색 물과는 달리 색깔이 진했다. 보는 이들에 따라 표현도 달랐다. 남자출연자 노숙자는 목이 말랐던지 콜라 색이라 했고 여자출연자 이유하는 여자답게 홍차 색깔, 권 PD는 초콜릿 색깔, 주 PD는 성씨에 맞게 흑맥주 색깔이라 했다. 하지만 나는 어릴 적 외양간 뒤로 흘러나오는 물빛과 같은 색이라서 소 똥물이라고 말했다. 내 말이 끝나자마자 남자출연자 노숙자가 말했다.

"선생님, 그럼 제가 아까 소 똥물을 마신 건가요?"

"아니요, 아까는 강물이었어요."

"그러면 지금은 소 똥물?"

"지.금.은……."

이건 비밀스러운 이야기지만 밝혀야겠다. 그날 밤 사실 우리 다섯 명은 아무도 목욕을 하지 않았다. 그들이 사용하는 수도에서 나오는 맑은 물이 강물 속의 지하수라고 했지만 우리는 아무도 그 맑은 지하수에 손발도 씻고 싶은 마음이 없었다. 흘러가는 강물을 보면서 소변보는 일도 어려웠는데 목욕까지는 도저히 자신이 없었다. 게다가 확 트인 대청마루 같은 곳에서 옷 입고 옷 속으로 손 넣어서 몸을 씻어야 한다는 그 야릇한 방법을 터득하기보다는 차라리 종일 흘린 땀 냄새, 파스 냄새를 맡는 것이 낫다는 심정으로 옷만 갈아입었다. 모기가 얼마나 많은지 도대체 잠을 잘 수가 없었다. 내일을 위해 잠을 자야겠는데 잠이 오지 않았다. 밖으로 나갔더니 두꺼운 안경을 쓴 동장님이 컴퓨터에서 서류를 작성하고 있었다. 그 서류는 경찰서장에게 선처를 부탁하는 내용이었다. 그 지역은 물고기 보호지역으로 선정되어 그물이나 일반 도구로만 물고기를 잡을 수 있다. 그런데 한 주민이 발전기와 약을 뿌려 물고기를 잡다가 경찰 단속반에게 잡혔던 것이다.

　강에는 외양간들이 군데군데 있었다. 물소^{버펄로}들은 아침 일찍 강으로 나갔다. 외양간도 수상이라 강에 내려갈 수 있도록 계단을 만들어 두었다. 외양간에서 강물로 입수할 때는 저마다 방법도 달랐다. 송아지와 얌전히 계단으로 내려가는 어미 소가 있는가 하면 멋지게 강물로 다이빙하는 소, 그 다이빙 흉내 내려다 미끄러져 첨벙거리며 물에 빠지는 소, 내 보기에는 물소들의 수영 시간 같았다. 물소들은 고삐가 없다. 태어날 때

▶ 아침에 물소들은 외양간을 나가서 종일 물풀을 뜯다가 오후가 되면 돌아온다.

▶ 목동은 목선을 타고 물소와 함께

부터 주인은 소들에게 자신의 것이라는 표시를 해 둔다. 귀를 잘라 버리든지, 아니면 코에 글자를 적어 넣든지, 그도 아니면 귀를 두 번 잘라 두든지, 목에 색깔 있는 글자도 적혀 있었다. 목동들은 남의 소를 키워 주고 그 대가로 송아지를 받는다. 소 열 마리를 기준으로 하며 처음에 낳는 송아지는 주인의 것, 그다음 해에 낳는 송아지는 목동의 것, 이렇게 품삯을 지불하고 받는다. 외양간 한 곳에 보통 50~100마리씩 있고 목동도 두세 사람이 있다. 그들은 외양간 옆 작은 공간에서 생활하며 마구간도 청소하고 소들을 보살핀다.

해가 거름해지자 저 멀리 가서 물풀을 뜯어 먹던 물소들이 목선을 탄 목동과 함께 돌아왔다. 이제까지 동물들이 떼 지어 물에 다니는 건 물오리들밖에 보지 못했는데 커다란 물소들이 떼 지어 물속에서 유유히 다니는 걸 보니 단체로 수중발레를 하는 것 같아 좋은 구경거리였다. 거대한 몸집을 물속에 숨기고 가지런히 긴 뿔과 얼굴만 내밀고 있는 물소들의 얼굴, 거무스름한 물속에서 태양 빛에 비쳐 커다랗게 빛나는 소들의 눈망울은 윤슬과도 같았다. 지금 이 글을 쓰는 순간도 윤슬처럼 반짝거리던 소들의 눈망울을 잊을 수가 없다.

<skyHD> 2010년 9월 방송

신선한 소, 잡아먹는 날

힌두교인들이 많은 발리에는 소를 신성시하는 마을이 있다. 소를 보호하자며 소에 꽃목걸이를 해서 몰고 다니기도 하도 또 따로taro 마을에는 하얀색 소를 신성시하여 몇 년에 한 번씩 소에게 제를 지낸다.

그런데 그 신성한 소를 잡아먹는 떵아난 발리원주민들이 있다. 덴빠사르에서 동쪽으로 자동차로 두 시간가량 해안도로를 달린다. 해안도로가 끝날 즈음 왼쪽의 오솔길을 만난다. 그 길을 따라 한참 숲으로 들어가면 산으로 둘러싸인 마을이 나온다. 조상들이 터 잡아 살아온 마을 떵아난Tenganan은 까랑아슴에 위치한다. 그 마을 사람들은 힌두교의 가장 큰 명절 녀삐에 소를 잡아먹는다. 뿐만 아니라 특별한 전통의식이 있을 때도 소를 잡아 쇠고기를 먹는다. 떵아난에서는 우사다 달람Usada Dalam이라 하여 제단Pura에서 소를 잡아 놓고 의식을 치르며 잡은 소를 마을 사람들이 함께 나눠 먹는다. 그들이 쇠고기를 먹는 건 '신성시하는 소의 기운을 받아 먹음으로 더 건강해지고 화평하게 지낼 수 있기 때문이며 조상 대대로 전해 내려오는 귀중한 풍습'이라는 것이다. 그들은 쇠고기를 적당한 크기로 썰어 막대기에 주렁주렁 매달아 부엌아궁이 위에 걸어 두고 연기에 그을린다. 훈연으로 익혀 먹는데 이걸 그들은 '댕댕deng-deng'이라 한다.

▶ 떵아난 마을 제사장 　　▶ 준비된 소 　　▶ 훈연된 쇠고기 댕댕

뻐랑빤단 혹은 지방어로 머까레까레mekare-kare라고도 불리며 매년 6~7월에 행한다. 전쟁이 시작되기 전 제단을 두 바퀴 돌아 성스럽게 하여 악귀를 물리치고 병마를 없앤 후 두 사람씩 한 조가 되어 검과 방패를 가지고 전쟁을 한다. 전쟁이 시작되면 윗옷을 벗고 줄기에 가시가 돋아난 빤단으로 상대방에게 상처를 낸다. 13세 이상의 용기 있는 남자라야 참가할 수 있으며 용맹스러움을 가르쳐 주는 풍습이다. 가시에 찔려 상처난 곳은 강황에 식초를 넣고 갈아서 상처에 발라 준다. 소독도 되고 상처가 빨리 아문다고 한다. 예전에 시골 어른들이 상처에 된장 발라 주던 것과 비슷한 것 같다. 전쟁에 참가한 남자들 모두가 함께 밥을 먹음으로써 형제애를 더욱 돈독히 하며 끝을 맺는다.

이 풍습은 발리의 힌두 제단에 감싸져 있는 검은색과 흰색 체크무늬 천을 통해 본 적이 있을 것이다. 께짝kecak 댄스 출 때 남자들이 감고 있는 사룽에서도 볼 수 있다. 그 천의 검은색은 악신, 흰색은 선신을 뜻한다. 선신이 악신과 싸움하여 승리한 날을 기념하는 열흘간의 갈룽안과 꾸닝안이 있다. 돈을 뿌리며 기뻐하는 머슈락을 하는 곳도 있고 긴 장대기로 싸움을 하는 머꼬딱 행사를 하기도 한다.

▶ 머꼬딱하러 가는 행렬. 싸움이 시작된 모습

매년 6~7월 사이에 머꼬땍 행사가 있다. 머꼬땍의 유래는 긴 막대들이 서로 땍땍, 하고 부딪치는 소리에서 가져온 말이다. 처음에는 전쟁에서 승리한 군인들을 위한 환영회였고 쇠로 된 창을 사용하였으나 사람들이 많은 상처를 입어 후에 나무막대기로 바꿔 사용하게 되었다. 네덜란드 식민지시대 때 혹시 위험한 일이 생길까 봐 네덜란드정부에서 금지시켰다. 그러나 금지한 후 마을에 원인을 알 수 없는 병마가 나돌고 수많은 사람들이 죽거나 고통에 시달렸다. 사람들은 머꼬땍을 하지 않아 그런 것이라 판단하여 다시 할 수 있도록 허락을 받아 부활하게 된 것이다. 수백여 명의 사람들이 긴 막대를 한곳에 모으고 두 팀으로 나눈다. 모은 막대기 끝에 한 사람이 올라타고 상대방을 먼저 쓰러뜨리는 사람이 승리한다. 안동의 차전놀이와 비슷하다.

<KBS 놀라운 아시아> 2007년 3월 방송
<KBS 지구촌뉴스> 2010년 5월 방송

인도네시아 원유장수

"와…… 선생님, 신기한 게 너무 많아 뭐부터 찍어야 될지 모르겠어요."

"거참, 취재거리 좋은 현장에 데려다 줘도 고민하네요……."

"세상에 이런 곳도 다 있네요."

깊은 산 속 옹달샘에서 원유가 나오는 것도 아니고 산꼭대기에서 원유가 나오니 신기할 수밖에. 송 PD는 흥분의 도가니로 빠지더니 행복한 비명을 지르며 눈 내리는 날 강아지처럼 현장을 마구 뛰어다녔다. 이런 귀한 취재거리를 생생하게 영상과 글로 담아 시청자와 독자들에게 전할 수 있다는 건, 나에게 있어 잊고 살았던 첫사랑을 만난 것보다 더 가슴 뛰는 일이었다.

머리 위에 떠 있는 태양은 뜨거웠다. 산들바람이 이마의 맺힌 땀방울은 닦아 주었으나 내리꽂히는 햇볕까지 걸러 주지는 못했다. 편편한 곳에 자동차를 세워 놓고 산비탈로 걸어 내려왔다. 오솔길마다 기름이 흘러 반질반질하였다. 미끄러질까 조심하여 걷는데 우물 하나가 보였다. 와 이런 산꼭대기에 우물이 있네. 나무뚜껑으로 덮어 놓고 철사로 꽁꽁 묶여 있기에 뚜껑을 밀치고 돌멩이 하나 던져 보니 '퐁당' 하고 소리가 났다. 가뜩이나 목이 말랐는데 퐁당 소리를 듣자 갑자기 심한 갈증이 느껴졌다. 그때 뒤쪽에서 인기척이 났고 혹여 우물에 나쁜 짓 한다고 혼나지는 않을까 해서 조심스럽게 뒤돌아보았다. 물지게를 짊어진 아저씨들이 지나가고 있었다.

▶ 숲길을 맨발로 원유를 져 나르는 아저씨　　▶ 오솔길로 원유를 져 나르는 아저씨

　　제일 마음씨 좋아 보이는 아저씨에게 양동이의 것이 무엇인지 묻자 아저씨는 양동이를 내려놓고 후유 하면서 허리를 펴고 숨을 크게 내쉬었다. 아저씨는 내가 묻는 말에 대답은 안 해 주고 오히려 내가 어느 나라 사람인지 되물었다. 나는 한국 사람인데 산에서 원유가 난다기에 와 봤다고 말했더니 이 양동이의 것도 원유라고 아저씨가 말했다.

　　"진짜, 이것이 원유 맞아요?"

　　"네."

　　"아저씨 그러면 불을 한번 붙여 봐 주세요.

　　"그러지요."

　　아저씨는 색깔이 푸르스름한 양동이의 걸 조금 떠서 나뭇가지에 묻혀 라이터로 불을 붙였다. 와~ 정말 불이 붙었다.

　　산꼭대기에서 내려다보면 집들이 옹기종기 모여 굴뚝마다 밥 짓는 연기가 나오는 그런 시골풍경이다. 그러나 자따나무 이파리를 헤치고 자세히 들여다보면 집이 아니라 원두막들이고 밥 짓는 연기가 아니라 주민들이 원유 퍼 올리는 데 사용되는 고물트럭의 엔진이 돌아가면서 매연과 원유를 정제하는 연기들이었다. 군데군데 아궁이에 불을 지피고 주민들이 주먹구구식으로 원유를 정제하여 석유와 경유, 아스팔트까지 만들어 내는 풍경들이다.

위노쫄로는 분지처럼 햇살을 모으며 바람은 잘 통하지 않았다. 사방에서 원유를 끓여 정제하는 냄새와 열기가 퍼져 무지하게 더웠다. 골이 파진 등허리로 땀이 주르르 흘러내리며 온몸이 땀으로 범벅되었다. 흐르는 땀을 미처 닦지 못해 눈으로 들어갔다. 선크림이 섞여 들어가서 눈동자가 따가웠다. 눈을 감고 이마의 땀을 닦다가 미끄러져서 넘어졌다. 넘어지면서 작은 나뭇가지에 걸려 두껍고 질긴 청바지가 찢어졌다. 누가 볼까 창피했다. 기름 묻은 손을 씻으러 계곡으로 내려갔다. 계곡의 고인 물은 누렇게 변해 있고 물과 기름이 반반이었다. 비누도 없는데 이 기름 묻은 손을 어떻게 씻을까 고민하고 있는데 할아버지가 기름 묻은 손과 연장을 흙에 문질렀다. 나도 따라 했더니 손이 깨끗해졌다. 손을 씻을 때는 꼭 비누와 물이 아니라도 된다는 걸 그때 처음 알았다.

인도네시아에서 천연가스나 원유가 생산되는 곳은 상당히 많다. 하지만 재래식으로 하는 원유 정제과정은 위노쫄로Wonocolo에서만 볼 수 있다. 땅속에서 퍼 올린 물과 기름을 두 차례 걸러 분리작업을 했다. 물에 원유가 둥둥 뜨면 그걸 바가지로 떠서 드럼통에 모았다. 정유회사처럼 원유를 오랫동안 가라앉혔다가 시스템대로 하면 질 좋은 연료를 만들 수 있겠지만 오늘 퍼 올린 원유를 당장 끓여서 팔아야 하는 형편 때문에 약간은 질이 떨어져도 사용할 수 있는 연료라고 했다. 정제하는 방법을 누가 그들에게 가르쳐 주지도 않았고 특별히 연수받은 적도 없지만 오랜 세월 원유 퍼 올리는 일을 하다 보니 스스로가 터득한 자신들의 방법이라 했다.

원유를 드럼통에 넣어 군불 지피듯이 장작을 약 두 시간가량 태웠다. 강한 화력을 위해 장작에 원유를 조금씩 부어 주면 불길은 활활 잘도 타올랐다. 원유가 끓어오를 때 넘침을 방지하기 위해 뚜껑이 날아가지 않도록 흙으로 덮어 두었고 드럼통에서 밖으로 연결해 둔 파이프 끝에서 수증기와 물이 빠져나왔다. 그들은 똑똑똑 떨어지는 물방울이 경유, 떨어질

▶ 원유 끓일 때 굴뚝에서 나오는 연기와 정제하는 사람의 모습

때 날아가는 걸 가스라고 말했다. 파이프가 통과하는 과정이 세 곳인데 파이프 묻힌 곳 위에 역시 물을 담아 두었는데 가열된 파이프를 식혀 주는 역할을 한다. 정유회사에서는 맨 처음 휘발유^{Bensin}, 석유^{Minyak tanah}, 경유^{Solar}, 아스팔트로 분류하지만 워노쫄로 주민들은 석유와 경유, 아스팔트로만 분류하였다. 원유가 끓어 수증기로 빠져나가고 찌꺼기를 긁어내더니 아스팔트라고 했다. 송 PD 말대로 정말 신기한 장면들이 너무 많아 오전 내내 이리저리 다니면서 사진도 찍고 많은 일을 했지만 피곤한 줄을 몰랐다. 잘 정제된 휘발유 한 바가지를 오토바이에 넣어 주자 저 멀리로 사라져 가는 걸 보면서 나는 워노쫄로 사람들이 참으로 대단한(?) 일을 한다고 느껴졌다. 머지않아 워노쫄로를 지방정부에서는 학습체험현장으로 계획하고 있다고 했는데 그렇게 되면 나는 가장 먼저 한국 학생들에게 알려 주고 싶은 곳이다.

<KBS 지구촌뉴스> 2006년 9월 방송

천연가스 불이 활활

마두라 빠머까산 라랑안또
꼴에는 땅속에서 천연가스 불이
피어오르고 있다. 그곳은 오래전
부터 불이 타고 있었는데 오늘날
까지 한 번도 꺼진 적이 없다고
한다. 라랑안또꼴 사람들은 부모
님이 태어났을 때 이미 불이 타고
있더라고 했고 자신들도 태어났
을 때부터 지금까지 불이 타고 있

▶가스 불 있는 곳의 표지판

으며 이름은 '아삐 딱 꾼중 빠담' 영원한 불이라고 한다.

　1605년 이슬람교를 전파하는 끼모꼬라는 사람이 물고기를 잡으며
하루하루 살아가고 있었다. 어느 날 공주가 병에 걸려 있다는 소식을 듣
고 잡은 물고기를 보냈다. 그 때문에 공주의 병이 나았고 왕은 병을 낫게
해 준 모꼬에게 마음의 빚을 갚으려고 관을 하나 보냈다. 모꼬가 관을 받
아 보니 그 안에는 어여쁜 아가씨가 있었다. 모꼬는 아가씨와 결혼하려
고 했지만 음식을 장만할 수가 없었다. 그는 신에게 기도를 한 후 지팡이
를 땅에 꽂았더니 그곳에서 불이 피어 나왔고 그 옆에서는 물도 솟아 나
왔다. 모꼬는 이 물과 불은 살아가는 데 필요하게 사용하라는 신의 뜻으
로 여겼다고 한다. 그때부터 가스의 불은 또꼴 주민들의 것이며 또 이곳
을 찾는 관광객들로 인해 생계를 유지할 수 있도록 내버려 두는 것이다.

▶ 들판의 불. 주민들이 요리하는 장면　　　　　　▶ 밤에 보이는 천연가스 불

　　라랑안또꼴에는 두 곳에서 불이 피어오르고 있다. 땅속에 천연가스가 매장되어 있다. 한 곳은 씨름판만 하다. 불이 피어오르는 주위에 울타리를 만들어 두었다. 울타리 주위에는 주민들이 가게를 운영한다. 그들은 조석으로 가스 불에 밥을 짓고 커피 끓일 물을 데운다. 관광객들에게 음식과 음료 그리고 기념품과 옥수수나 고구마 등을 판매하고 있다. 관광객들은 천연가스 불에 옥수수를 구워 먹기도 한다. 간혹 생선을 가져와 그곳에서 구워 식사를 하는 사람들도 있다. 그곳에서 약 백 미터 왼쪽으로 가면 들판에서 가스 불이 활활 타오르고 있다. 그곳을 지키는 과부와 어린아이 둘이 있다. 땅을 깊게 넓게 파면 팔수록 가스가 많이 나와 불꽃이 강해진다. 주말에는 젊은이들이 모여 캠프파이어를 한다. 젊은이들은 닭이나 생선을 가져와 꼬치구이도 해 먹고 노래를 부르면서 즐기기도 한다. 특히 그곳은 평일에는 사용하는 사람이 거의 없으나 주민들의 특별한 날이나 또는 이슬람교의 명절인 러바란에는 한꺼번에 많은 음식을 만들어야 하므로 사람들이 모두 그곳에서 음식을 만든다.

▶ 관광버스와 옥수수를 구워먹는 관광객

▶ 밤에 빛나는 가스의 화력

빠머까산을 지나 삼빵에 오면 천연가스 불이 타오르는 곳이 한 곳 더 있다. 그곳은 라랑안 또꿀처럼 크지는 않지만 마을 사람들은 그 천연 가스 불을 마을의 가로등으로 이용하고 있었다.

인도네시아에서는 이렇게 가스 불이 피어오르는 곳이 여러 군데 있다. 내가 가 본 곳은 보조너고로에 '까양안 아삐'가 있는데 역시 불과 물이 나란히 있다. 그곳의 전설은 장인이 끄리스 칼을 만들던 대장간이라고 전해 내려온다. 불이 활활 타오르는 곳 옆에 차가운 물이 있다. 칼을 불에 달구었다가 옆의 연못에 담갔다고 한다. 그 물은 유황이 섞여 고약한 냄새가 나는 회색빛 물이었다. 그 물은 약수로 통하며 속병이나 피부에 알레르기가 있는 사람이 마시거나 바르면 병이 낫고 이가 아플 때는 한 모금 물고 있으면 치통도 해결된다고 한다.

<MBC TV특종 놀라운 세상 & 아시아헌터> 2012년 4월 방송

▶ 밤에는 가로등

▶ 보조너고르의 까양안 아삐(불)와 연못

철로 테라피

왜?

사람들은 태양이 기울어 가는 오후만 되면 물병과 신문지와 헝겊쪼가리를 들고 그곳 라와^{Rawa}역으로 꾸역꾸역 모여들었을까.

한 중년 남자가 있었다.

그는 고혈압으로 손발이 마비되어 일도 할 수 없고 움직이는 것조차 너무 불편하고 힘들었다. 아무리 좋은 병원 유명한 의사를 찾아가 처방전으로 약을 받아먹어도 효험이 없었다.

'그래, 이렇게 불편한 몸으로 사느니 차라리 죽자'는 각오로 자살을 기도했다.

자살…… 자……살……. 어떤 방법, 몇 가지나 있을까.

강물에 뛰어들자니 깊은 강이 너무 멀고, 높은 빌딩에서 뛰어내리자니 빌딩에 올라가는 것도 쉬운 일이 아니고…… 도대체 방법이 없다. 그래 나 같은 서민은 기찻길에 누워 있다가 기차가 지나가면서 죽여 주길 바라는 것이 가장 쉬운 방법이라 택했다.

그리하여 남자는 철길로 갔다. 그곳은 자카르타 시내를 벗어나 한참 가야 하는 라와역이다.

남자는 자살을 위해 철길에 누워 있었다. 철로 한쪽에는 두 발목을 대고 다른 한쪽은 목을 대고 편안하게 누워 이글거리는 태양을 바라보고 세상을 한탄하고 신세타령까지 했을지도 모른다. 이제 기차가 지나가기만 하면 남자는 미련 없이 죽는다.

▶ 테라피는 양쪽 철로를 다 통해야 전류를 느낄 수 있다.

얼마나 오랫동안 철길에 누워 있었을까?

기차는 지나가지 않고 태양만 뜨거웠다. 견딜 수 없어 남자는 자살을 포기하고 철로에서 일어났다. 그런데 이상하게 마비가 되었던 손발이 움직여졌다. 이 남자의 자살이야기가 입에서 입으로 순식간에 퍼졌다.

그 후 가난하고 병든 자들이 병 고침을 받기 원하며 라와역에 모여들기 시작했다.

고혈압, 당뇨병, 손발 저림, 몸살 심지어는 뚱뚱한 사람은 다이어트까지…….

바람이 선선하게 불어 주는 오후만 되면 철길 상하행선 양쪽으로 수십여 명이 어둑어둑해질 때까지 드러누워 있었다. 급기야 철도청에서 지시가 내려졌고 라와 역무원들은 사람들이 사고를 당할까 봐 철길에서 테라피하는 걸 금지시켰고 이를 어길 시 '벌금 아니면 징역'이라는 공고문까지 만들어 세워 두었다. 라와역에서 사람들이 철길 테라피하는 걸 보는데 정말 두 발이 덜덜거리며 떨렸다. 손도 마찬가지로 덜덜 떨고 있었다. 그 사람들을 살펴보면 하나같이 손발이 흔들리고 있었다.

"저~ 철길에 전류가 흐르는데 무섭지 않으세요?"

"무섭긴요. 지금 손발이 저려서 테라피하고 있는데…… 미세스 김도 한번 해 보세요."

"전기가 흐르는데 감전되면 어떻게요?"

"감전돼 죽은 사람은 없어도 병 고친 사람들은 많아요."

몇 달 전부터 아침에 일어나면 오른손 약지와 새끼손가락이 부어 있을 때가 많았다. 촬영하는 이틀 동안 십 분씩 철길 테라피를 실험해 보고 싶었다. 처음에 나도 그들처럼 철로 위에 드러눕기엔 무섭고 용기가 나지 않아 양손만 철로 위에 갖다 댔다. 약지를 철길에 대고 있으니 손이 떨리고 손가락 마디로 전류가 지나가는 걸 느낄 수 있었다. 그다음은 나도 드러누웠다. 짜릿짜릿한 떨림이 발에서부터 심장을 관통하여 머리까지 전해졌다. 이상한 느낌의 전율이 나를 자극했다. 쾌감을 느낄 그런 전율이 아닌 순간순간 바늘로 콕콕 찔리는 것 같은 느낌이었다. 그런데 희한한 일이 생겼다. 내 손가락을 철로 테라피를 한 후 지금까지 손가락 붓는 일이 없다.

취재하면서 전압계로 철길의 전류를 측정해 보았다. 전류가 일정하지 않았다. 사람들은 편하게 누워 즐겼다. 특히 몇몇 노인들은 가져온 헝겊을 철길에 놓고 그 위에 물을 뿌려 전류가 더 강하게 흐르도록 했다. 전문의가 말하길 전기치료는 심장을 관통하지 않아야 하는데 철로 테라피 같은 경우 심장을 관통하기 때문에 자칫하면 사람에 따라 위험한 일이 발생할 수도 있다고 말했다.

그건 그렇다.

자동차가 교통수단으로는 참 편리하지만 자칫하면 사고가 날 수 있다. 라와 지역 사람들도 철로 테라피를 적당히 하여 안 아프게 건강하게 잘 살았으면 좋겠다.

<MBC TV특종 놀라운 세상> 2012년 3월 방송

▶ 노을이 지면 철로 테라피가 끝나는 시간이다.

▶ 엄마 따라와서 철로 간격이 멀어 들어서 손잡고

PART 4 전통풍습

그러니까 인도네시아지!

2006년 6월 하순 어느 맑은 날. 동부자와 말랑시 한 담배공장에서 수십 명의 여직원들이 귀신 들렸다. 다음 날은 수라바야시의 한 중학교에서 학생들이 또 집단으로 귀신 들렸다며 TV 방송마다 귀신들린 뉴스가 보도되었다. 도대체 왜 그런 현상이 일어났을까?

담배공장에서는 점심시간에 일어난 일이다. 한 직원이 공장 밖에서 들려오는 자란께빵 음악 소리에 맞춰 춤을 추다가 자신도 모르게 귀신이 들려 버린 것이다. 이를 본 동료가 그를 깨우려고 붙잡았다가 붙잡은 동료까지 귀신 들려버렸다. 두 사람이 그렇게 되자 많은 동료들이 그들을 붙잡았다가 또 그렇게 되고 마치 다단계식으로 수많은 직원들이 귀신들렸던 것이다. 그렇다면 중학생들은 왜 귀신 들렸던 것일까? 신들렸던 학생들과 인터뷰를 하기 위해 어렵고 힘들게 국내방송 뉴스로 보도된 테이프를 구해 중학교로 찾아갔다. 테이프를 보여주며 귀신들렸던 학생 중 네 명을 만났으며 차례대로 인터뷰를 했다.

"혹시 그때 상황을 기억할 수 있겠니?"

여학생이 머뭇거리자 선생님께서 괜찮다는 사인을 보냈고 그제서야 이야기를 시작했다.

"내 머리 위에서 무엇인가 쑥~ 들어와

▶ 담배공장에서 귀신들려 눈동자가 이상한 여자와 울고 있는 여자

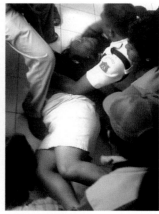
▶ 담배공장에서 귀신들려 몸이 뒤틀린 여자를 여러 사람이 붙잡는 모습

온몸으로 퍼지면서 내 몸을 가눌 수가 없었어요. 나는 바닥에 쓰러졌고 선생님은 '디아나, 정신 차려!' 친구들도 내 이름을 불렀지만 나는 내 마음 대로 할 수가 없었어요. 내 안의 누군가 시키는 대로 나는 그의 말을 따라 해야만 했어요."

나는 그 당시 땅바닥에 누워 몸을 뒤틀었던 긴 머리 여학생에게 질문했다.

"넌 어떻게 되었니?"

"난 원래 귀신같은 건 믿지 않아요. 그런데 친한 친구가 귀신 들렸다 기에 '세상에 귀신이 어디 있니?' 하며 친구에게로 달려가는데 갑자기 커다란 몸집의 검은 옷 입은 외국인 남자가 나를 붙잡았어요. 그리고 나에게 이렇게 시켰어요.

"이곳은 내 집인데 허락도 없이 나무를 베고 아름다운 내 집을 망쳤으니 어서 원상복구 해라."

"그래서?"

"나는 왕궁에서 이런 모양의 왕자 옷을 입고 있었어요."

여학생은 손으로 옷 모양과 왕관을 설명했다.

"네, 맞아요. 저 학생이 외국인 억양으로 인도네시아 말을 했어요."

교사들은 이구동성으로 그 여학생에게는 네덜란드 귀신이 들어갔다고 말했다. 네덜란드가 인도네시아를 지배할 때 왕궁으로 사용했던 건물을 해방된 후 중학교로 사용하고 있었다. 일주일 후에 있을 음악퍼레이드를 위해 우거진 고목 때문에 학교건물을 다 가렸기에 미관상 학교 측에서는 고목을 벴던 것이다. 그런데 다음 날 학생들이 집단으로 귀신들려서하는 말이 나무를 허락 없이 베었기 때문이라고 말했던 것이다. 학교 측에서는 빠왕을 불러 고목밑동에 제를 지냈다. 내가 갔을 때 보름이 지난후였는데 귀신들이 장미를 원했다면서 고목에 장미화분이 걸려 있었고 몸통뿐인 고목에는 이미 연녹색 이파리들이 달려 있었다.

'자란께빵ʲᵃʳᵃⁿᵏᵉᵖᵃⁿᵍ'은 전통문화예술이며 본고장은 동부자와이다. 네덜란드식민지 때에 시작되었으며 마따람 왕조시대 병사들이 대나무 말을 타고 네덜란드군에 투쟁하는 걸 춤으로 묘사한 것이다. 세월이 흐르면서 구경꾼들을 점점 신 나게 하려고 자란께빵을 주관하는 빠왕이 사람들을 수룹빤ᵏⁱˢⁱⁿ까지 걸리게 했다. 자와에서 제일 유명한 빠왕ᴾᵃʷᵃⁿᵍ은 바뚜 외곽지 산 아래 살고 있다. 나는 제작진과 빠왕을 찾아갔다. 빠왕은 도사처럼 머리를 어깨까지 풀어 내린 모습으로 '자신은 귀신을 부를 수도 쫓아 보낼 수도 있는 능력을 갖췄다'고 말했다. 오늘 밤 자정, 고목 아래 리뚜알ᵏⁱˢⁱⁿ ᵇᵘʳᵉᵘⁿᵉⁱˢⁱᵏ을 지내면 자란께빵 때 어떤 귀신들이 올 것인지 안다며 의식에 쓰일 스사지ˢᵉˢᵃʲⁱ를 소쿠리에 담으면서 설명했다. 귀신들은 향이 진한 걸 좋아하여 향을 피우고, 꽃도 좋아하여 쌀은 양식이고 사람의 형상이라며 바나나를 소쿠리에 담았다. 나는 빠왕에게 어떤 사람들이 귀신들리는지 물으니 자란께빵을 구경할 때 멍하니 앉아 있는 사람들이 대상이며 못 믿겠으면 자란께빵 때 구경꾼들에게 혼을 넣어 귀신들린 모습을 나에게 보여주겠다고 말했다.

밤중의 리뚜알을 촬영하려고 가는 차 안에서 이 PD는 한국에서 맨발로 작두 위에서 뛰는 무당도 촬영한 경험이 있다며, 어쩌면 인도네시아 사람들이 우리에게 속임수를 쓸 것이라고 말했다. 나는 몇 달 전 자란께빵을 구경한 적 있다. 그때 촬영하던 카메라맨이 갑자기 귀신들려서 힘 잃은 눈동자로 해롱해롱 음악에 맞춰 춤추던 모습이 떠올랐다. 그 외에 내가 본 것과 들은 것을 종합하여 이런저런 이야길 알려줬는데도 이 PD는 자꾸만 빠왕이 우리를 속일 것이라고 말했다. 그러는 동안 어두컴컴한 마을로 들어섰고 빠왕집에 도착했다. 빠왕은 자란께빵 패거리들과 검은 옷을 입고 우리를 기다리고 있었다. 리뚜알 지낼 곳은 집에서 가까운 곳이라며 걸어가자고 했다. 불빛도 없는 캄캄한 밤에 그들과 함께 걸어가는데 호기심보다 무서움이 앞섰다. 오늘은 왜 하필 달도 안 뜨는 걸까, 검은 하늘을 보며 투덜거리는데 빠왕이 그 말을 들었는지 일부러 달이 없는 날을 택했다고 말했다. 우리는 산길로 걸어갔다. 그들은 모두 맨발로 걸어서 발소리조차 나지 않았다. 리뚜알 시작 전, 빠왕이 우리에게 먼저 기도를 해 주겠다고 했다. 만약 자신에게 기도를 받지 않으면 촬영하다가 멀쩡한 카메라 배터리가 나가든지 아님 PD가 귀신들릴 수 있다고 말했다. 나는 빠왕에게 이 PD가 기도 받지 않길 원한다고 말하고 싶었지만, 만약에 그랬다가 내일 자란께빵 때 정말로 이 PD도 지난번 어떤 카메라맨처럼 귀신들린다면 그 뒷일을 어떻게 감당해야 할지 걱정이 됐다. 그래서 나는 이 PD에게

"빠왕이 우리에게 무조건 기도 먼저 받으래요." 했더니 이 PD는 의외로 금방 "네" 하며 기도 받았다. 그때 내 마음은 솔직히 말해 이 PD가 빠왕의 기도를 거절하여 귀신이 들려버리면 '속임수'라는 말이 쏙 들어갈 텐데 하는 아쉬움도 없지 않아 있었다. 빠왕은 우리에게 카메라 불을 꺼 달라고 했다. 우리는 적외선 카메라 한 대만 빠왕 앞에 설치해 두고 뒤로 물러나 있었다. 얼마 동안 기도하던 빠왕이 "으악~" 소리 지르더니 퍽, 하

▶ 바뚜. 리뚜알 한밤중 혼을 부르는 의식

고 넘어졌다. 그리고 사방이 조용했다. 그때 바람이 싸아~ 하고 불자, 나뭇잎 하나가 내 볼을 스치며 내 어깨로 떨어졌다. 순간 소름이 끼쳤고 오싹한 전율이 내 전신으로 짜릿하게 퍼져 나갔다. 나는 하도 무서워 PD에게 바싹 다가가 앉았다. 그때 갑자기 바로 앞에서 쩌렁쩌렁한 호랑이 소리가 들려 왔다. 2분 정도 지났을까, 빠왕이 정신을 차리고 우리를 불렀다. 오늘 리뚜알에서 만난 귀신은 호랑이처럼 강한 것이기에 자신이 그 힘을 감당할 수 없어 쓰러졌다고 말했다. 귀신이 말하길, 내일 자란께빵 때 동물, 여자, 어린아이 귀신들이 온다고 말했다.

리뚜알을 마치고 오면서 나는 빠왕에게 왜, 하필 그곳에서 리뚜알을 지내는지 물었다. 그곳이 바로 귀신을 부르기에 가장 좋은 공동묘지 중앙이라 했다. 갑자기 누군가 뒤에서 내 옷을 잡아당기는 것 같아 걸어가던 발걸음은 총총걸음으로 뛰었다. 불이 켜진 빠왕집에 도착하니 조금은 마음이 놓였다. 차를 타고 집으로 돌아오면서 나는 새로운 것에 도전하기 좋아하는 편이지만 이런 일은 두 번 다시 하고 싶지 않았다. 한편 내일 밤에 있을 자란께빵 촬영을 생각하니 내 가슴은 벌써 둥둥 방망이질 했다.

다음 날 드디어 자란께빵이 시작되었다. 보리피리처럼 맑은소리는 밤을 뚫고 나갔고 둥당둥당 작은북소리는 귀신들을 불러들이는 것 같았다. 자란께빵 패거리들은 음악에 맞춰 말을 타고 춤을 추었다. 분위기가 뜨겁게 달아올랐을 즈음 빠왕이 휘파람을 '휘 이 ~' 불고 주문을 외우자 수십 명의 사람들이 뒤로 나자빠졌다. 어떤 사람은 소귀신이 들렸는지 볏단을 우걱우걱 소처럼 씹어 먹다가 양동이에 머리를 쳐박고 물을 마셨고, 어떤 사람은 아기 귀신이 들렸는지 우유병을 입에 물고 돌아다녔다. 바나나를 입에 물고 돌고래 쇼하듯 했고, 사지를 뒤틀면서 소리를 지르기도 했고, 춤판이 완전 난장판이 되어 버렸다. 구경꾼이라면 그냥 구경만 하면 된다. 그러나 촬영해야 한다. 저쪽에서 무슨 일이 벌어진 것 같다. PD가 앞에 가고 내가 뒤따라 그쪽으로 발걸음을 옮기려는데 귀신들린 사람이 하얗게 뒤집어진 눈동자로 나를 노려보는데 그만 그와 눈이 마주쳤다. 큰일 났다. 그 귀신이 일어서더니 내가 있는 쪽으로 오려는 것을 보는 순간 그가 나와 부딪히기라도 하여 나도 여학생들처럼 아니면 담배공장 직원들처럼 귀신들릴까 봐 겁이 났다. 나도 모르게 "엄마야......" 하고 소리치며 관중 속으로 뛰어들어 갔다. 그때 내 소리를 듣고 빠왕이 나를 PD 있는 곳으로 데려다 주었다. 나는 그저 생생한 촬영현장으로 되겠지 했는데 이건 촬영 현장이 아니라 뱀들이 우글거리는 현장처럼 온몸이 식은땀이 쫙쫙 흘렀다. 이쪽 모서리에서 구경하던 젊은 청년이 픽하고 쓰러져 몸이 뒤틀리더니 춤을 춘다. 저쪽에서도 구경꾼 한 사람이 춤을 춘다. 귀신들린 사람이 숯 불덩이 하나를 들고 '후후~' 불더니 입에 넣고 아작 아작 씹어 먹었다. 이 PD는 방송은 언제나 확인이라며 나에게 물었다.

"저 불이 진짜로 뜨거울까요?"

"글쎄요, 가짜 불도 있을까요? 직접 불덩이를 만져 보세요." 하고 들고 있던 카메라를 건네받았다. 만지더니 "앗~ 뜨거" 하며 불덩이를 손에서 털었다. 한참 시간이 지나고 한 사람 한 사람씩 몸에 들었던 귀신이 빠져나갔다. 귀신이 빠져나갈 때는 천으로 시체를 염하듯 둘둘 말아 여러 사람이 안았다. 빠왕은 손으로 귀신들린 얼굴을 훑으면서 귀에 대고 속삭였다. 그런데 그건 속삭이는 것이 아니라 귀를 불어 귀신이 빠져나가도록 도와주는 것이었다. 시체는 빨래 짜듯이 한 번 더 몸을 뒤틀더니 픽, 하고 쓰러졌다가 깨어나 정신을 차렸다. 마치 잠에서 깨어난 사람처럼 아무 일 없었다는 듯이 홀홀 털고 웃으며 일어났다. 나는 깨어난 사람에게 물었다.

"조금 전에 당신이 무슨 일을 했는지 기억나요?"

"잘 모르겠어요. 꿈을 꾼 것 같기도 한데 전혀 모르겠어요."

"그럼 입안을 벌려 봐요."

그의 입안에는 그렇게 먹었던 숯불이나 향이나 아무런 흔적도 없었다.

빠왕이 말하길 자란께빵하는 동안 사람들과 귀신이 한바탕 신명나게 노는 마당놀이다. 우리가 불을 먹거나 희한한 짓을 하는 건 사람이 하는 것이 아니라 귀신이 하는 것이라고. 빠왕이스완디는 아들을 거쳐 세 살짜리 손자에게까지 자란께빵을 대물림하여 주고 있다.

이 PD는 인도네시아에서 촬영하는 동안 불가능한 일이 가능하고 가능한 일이 불가능한 일이 많으며 게다가 어떻게 학생들이 귀신들려 몸이 뒤틀리거나 또 풀도 뜯어 먹고 귀신들과 놀기도 하는지 도저히 이해할 수 없는 일이 많은 나라라고 참으로 신기하다기에 나는 대답했다.
"그러니까 인도네시아지!"

<KBS 놀라운 아시아> 2006년 7월 방송
<TV조선 아시아헌터> 2012년 6월 방송

▶ 말랑. 황소귀신이 들려 풀을 뜯어 먹으려는 장면

까장족을 만날 땐 검은 옷을 입어라

    불루꿈바 따나또아에 가면 검은 옷만 입는 까장족을 만날 수 있다. 그들은 늘 검은 옷만 입고 과학적으로 만들어진 물건은 거부한 채 살아간다. 과학은 자연의 숲과 더불어 사는 자신들 삶에 부정적인 걸 가져올 수 있기에 거부한다. 정말 그런 사람들이 있을까?

    이른 아침 숙소에서 차를 타고 몇 시간 달려 따나또아에 도착했다. 마을로 들어가려는데 입구에서 검은 옷 입은 사람만이 들어갈 수 있다며 빨간 옷 입은 나를 가로막았다. 나는 인도네시아말로 문화를 잘 몰라서 그러니 들어가게 해 달라고 생떼를 썼다. 그러나 그들은 못 알아들었는지 설명도 해 주지 않고 들어가려는 나를 밖으로 떠밀어 냈다. 물론 카메라도 나와 함께 쫓겨났다. 등 떠밀려 마을 입구에 앉아 있는데 지난밤 숙

▶ 마을 입구에서 검은 옷을 입어야만 들어갈 수 있다.

소에서 만난 까장족 아가씨 말이 떠올랐다. 그들은 조상 대대로 사용하는 그들만의 언어인 꼰조어를 사용하며 내가 사용하는 표준 인도네시아어는 통하지 않을 것이라고. 그리고 따나또아 촬영 시에는 족장 허락이 있어야 한다고.

우리는 족장을 만나러 가기 전에 이웃마을 동장에게 정보를 얻을 겸 찾아갔다. 동장이 미리 알려 준 건 족장은 자신의 모습이 카메라에 찍혀 밖으로 노출되는 걸 싫어하니 마음 상하지 않게 특별히 유념하리고 알려 줬다. 확실한 이유는 직접 가서 물어보라고 했다. 검은 옷을 입어야 들어갈 수 있다니 그럼 그렇게 따라야지. 실은 어제 숙소에서 까장족 아가씨 말을 듣고 혹여 마을로 못 들어갈까 봐 늦은 밤 검은 옷을 사러 다녔었다. 미리 준비한 검은 옷으로 갈아입었다. 입구에서 집들이 있는 곳까지는 약 1km 정도 걸어가는데 돌길이었다. 숲을 존중하며 살아가는 그들이기에 마을은 온통 숲으로 되어 있어 태양 빛을 가려 주어 기후가 서늘하였다. 대낮인데 수탉들이 여기저기서 울어댔다. 소를 타고 가는 아이도 만났고 등에 짐 실은 말도 물동이를 머리에 이고 가는 아낙네와 아이들도 만났다.

족장 집에 도착했다. 인사를 나누면서 족장의 얼굴을 자세히 보니 마을 사람들은 가무잡잡했는데 족장만 얼굴이 흰 피부였다. 아마도 바깥 출입이 거의 없었던 것 같다. 족장은 제작진이 들고 들어온 카메라를 보더니 촬영하면 안 된다고 손을 흔들었다. 나는 까장족 언어를 나에게 통역해 주는 사람에게 외국 사람들인데 처음이라 잘 이해하지 못해 그렇다고 족장에게 설명해 달라고 말했다. 내가 그렇게 능청을 떠는 동안 어쩌면 제작진 카메라에 족장 얼굴은 촬영되었을 것이다. 왜 카메라 촬영을 금하는지 물어보니 족장은 자신의 얼굴이 밖으로 알려지면 다른 부족들의 관심을 모으게 되고 또 자신들만이 지켜나가는 풍습이 파괴될까 두렵다는 것이다. 자신들은 뚜리엑아끄라나와 세상을 이어 주는 중재자이며, 세상에 처음으로 만들어진 인간이라고 믿는다. 지금 살고 있는 땅을 따나

▶ 고인을 생각하는 여자는 머리에 천을 쓴다.

또아tanatoa, 즉 가장 오래된 땅이라고 부르며 맨 처음 인간이 살던 땅이라고 말했다.

집들은 모두 동향, 울타리는 대나무나 돌담이고 대문은 없었다. 제주도처럼 이 마을에도 대문에 긴 막대기 서너 개를 걸쳐 놓으면 외출······ 이런 방식이었다. 대문 앞에는 긴 나무의자가 있어 아마도 이웃집과 정담을 나누기 위한 것 같다. 그들의 집은 높은 이층집이다. 이름도 루마빵궁 Rumah Panggung, 말 그대로 '무대의 집'이다. 일 층은 굵은 기둥을 땅에 묻어 사방이 확 트인 공간이라 가축을 가두기도 하고, 방아 찧는 공간이나 헛간으로도 사용하고, 그 옆 공간에는 여인들이 실을 사다가 검은색으로 물들여 직접 천을 짜고 있었다. 이 층은 부엌과 침실, 거실처럼 생활공간으로 꾸며져 있으며 거실은 마룻바닥이고 대나무돗자리가 깔려 있었다. 밤이면 호롱불을 켰다.

까장족은 장례를 치른 후 100일 되는 날에 당앙Dangang이라는 의식을 치르고 비석을 세운다. 고인의 유품을 샘물에서 씻고 기도를 한 후 성수러루깡, lerukang를 이마에 바르고 입에는 러꼬leko를 물었다가 뱉어내며 죽은 이에게 남아 있는 자들의 평안을 기원했다. 비석은 업적이 많으면 많을수록 크다. 족장 비석에는 오두막을 지어 두고 장로들 무덤에는 큰 비석을 세운다. 비석을 세워 놓고 물로 씻는 것은 영혼을 달래기 위함이고, 비석에 이끼가 끼는 것을 막기 위해 야자유를 발라 준다. 비석 주변에는 개미들이 다가오지 못하도록 조약돌을 깔아 준다. 그런데 아무리 슬퍼도 통곡을 하지 못하는 것은 우는 소리를 들으면 영혼이 떠나가지 못하기 때문에 그저 흐느긴다. 그리고 여자들은 조의 표시로 머리에 천을 뒤집어쓴다. 비석을 세운 후 마을 사람들은 꺼르바우ㅅ를 잡고 음식도 만들어 함께 나눠 먹는다. 꺼르바우를 잡을 때 닭도 함께 잡는데 혼자는 외롭기 때문에 함께 갈 영혼을 만들어 주는 것이다.

카메라를 처음 본 노인과 초등학생

교복을 입은 초등학생들이 삼삼오오 등교하고 있었다. 그 모습을 촬영하려고 PD가 카메라를 들이대자 1학년쯤 된 여자아이가 울상이 되더니 언니 뒤로 숨었다. 카메라가 더 가까이 다가서자 아이는 얼굴이 하얗게 굳어지면서 허겁지겁 도망갔다. 아이가 정말 무서워 도망가는 것을 보니 내 초등학교 시절 장난꾸러기 남자아이가 죽은 뱀을 들고 나를 따라오던 기억이 떠올랐다. 너무 잔인한 것 같아 아이가 무서워하니 그만 찍으라고 했지만 PD는 이런 장면을 찍어야 한다면서 그 아이를 계속 따라갔다. 그러나 나는 그 여자아이가 식겁하고 도망가는 모습이 자꾸 마음에 걸렸다.

▶ 어린아이들이지만 머리에 무거운 짐을 이고 다녔다.

    학생들은 마을 입구에 있는 따나또아 초등학교^{SDN 351}로 등교했다. 전교생 대부분이 운동화가 아닌 산달을 신고 있었다. 교무실로 들어갔는데 어두컴컴했다. 92년도에 학교가 설립되었지만 까장족들의 반대로 전기 설치를 하지 못했고, 정부로부터 지원받은 컴퓨터 한 대마저 학교에서는 무용지물이 되어 교장 선생님 집에 모셔 놨다고 한다. 그런 환경이다 보니 교육률은 자연히 낮을 수밖에 없어 초등학교에서 중학교로의 진학률이 40%도 안 된다고 했다. 하교 후 숙제보다는 주로 집안일 돕는 것이 더 우선이고 농번기에는 며칠씩 방학을 해야 하는데 그렇지 않으면 학생 과 반수가 농사일 거든다고 부모들이 학교에 보내지 않기 때문이다.

    까장족들은 자녀에게 현대식 교육보다는 조상 대대로 전해 내려오는 미풍양속을 제대로 알아야 한다는 주장이다. 집안의 경조사가 생기면 그 행사가 끝날 때까지 보름이든 한 달이든 학생은 학교에 나오지 않는다고 한다. 그러나 시대의 흐름에 알게 모르게 영향을 받는지 요즘은 경조사도 간소화되고 학생들이 일주일에서 4일 정도만 결석하는 편이란다. 수학 수업하는 교실로 갔더니 아까 도망가던 여자아이가 제일 앞에 앉았네. 아까 왜 도망갔는지 선생님께 질문을 부탁드렸더니 카메라를 처음 보는데 너무 무서워서 도망갔다고 말했다.

▶ 난생처음 카메라를 바라보는 할아버지의 미소

마을을 돌아보다가 내 목에 걸린 카메라로 얼른 노인을 찍어 보였다.

"이 사람이 누군지 아세요?"

고개를 갸우뚱거리면서 한참을 들여다보더니 "나야 나(자신)" 가슴을 톡톡 쳐 가며 본인이라는 걸 강조했다. 나는 카메라에 동영상을 담아 노인에게 또 보여 드렸다. 노인은 이런 세상도 다 있나, 신기한 듯 허허 웃으면 동영상을 뚫어져라 바라보았다.

"마을 밖, 도시로 나가 본 적 있으세요?"

"아니, 아직 없어!"

"나가 보고 싶지 않으세요?"

"난 싫어! 무서워!"

모퉁이를 돌아 사람들이 많이 모인 집으로 갔다. 카메라에 찍힌 노인을 보여 주면서 이분이 누군 줄 아세요? 어디 나도 보자 하면서 사람들이 몰려들어 여럿이 함께 보더니 '누구다.' 그런데 그것이 뭐냐며 묻기에, 카메라인데 이렇게 하면 사진이 된다며 사람들을 찍어 보여 주자 신기하다며 웃고 떠들썩하던 사람들의 소리와 닭, 매미 소리가 약해지고 마을은 조용해지면서 집집이 호롱불이 켜졌다. 두껍게 깔리는 어둠을 호롱불들은 감당하지 못한 채 나자빠지자 마을은 점점 어둠 속으로 잠겨들었다.

<skyHD> 2009년 8월 방송

대문에 성기를 조각한 월로가이

산 위의 마을로 올라가면서 나는 힘들어 허리를 움켜잡았다. 마을 입구에 들어서자 키는 높다랗고 가지는 무성한 고목이 보였다. 땅속으로 얌전히 박혀 있어야 할 뿌리들은 무엇이 그리 갑갑했던지 반항이라도 하듯이 땅 밖으로 뻗어 나와 있었다. 뻗이 나온 뿌리들은 가까운 가지끼리 비비 꼬아 마을의 개선문처럼 되어 있었다.

월로가이 족장은 마을에 살기 시작하면서 심었던 나무인데 햇수로 치면 약 600년이나 됐고, 조상들이 심은 나무이기에 후손인 당신들이 역사의 증거인 고목을 섬기며 보호해야 할 의무가 있다고 설명했다. 고목 밑둥치에는 골이 파진 곳에 스사지Sesaji들이 놓여 있었는데 발리 섬의 개들이 스사지를 먹듯 마을의 닭들도 그걸 콕콕 쪼아 먹고 있었다. 사람들은 고목에게 예우를 갖추고 고목은 그들의 수호신이 되어 마을을 보살피고 있는 것이 정겹게 느껴졌다.

월로가이wologai 집들은 지붕을 갈대로 엮었으며 집 모양도 특이했다. 지붕 모양은 페인트칠하는 커다란 붓을 세워 둔 것처럼 보였다. 집집마다 대문에 이상한 걸 조각해 둔 것도 요상했다. 집 안으로 들어서니 마루 끝에는 과일과 동물 모양이 판화처럼 새겨져 있고 집 안으로 들어가는 나무 대문에는 남자와 여자의 중요한 부분들만 세밀하게 조각되어 있었다. 문을 여는 손잡이에는 남자의 성기를, 문짝에는 여자의 유방과 자궁의 은밀한 부분까지 묘사되어 있었다.

▶ 여자의 가슴과 성기가 새겨진 대문

왜 저런 걸 숭배하는 걸까?

숭배가 아니면 감상하는 걸까?

그렇다면 여긴 19세 이상만 사는 걸까?

나는 부족들에게 이유를 묻고 싶어 안달이 났다.

집들이 나란히 줄지어 있었고 넓은 마당 한가운데는 돌탑으로 쌓은 큰 울타리kanga가 있었다. 울타리 안에는 둥글게 돌들이 깔렸고 그 위에 돌 3개가 나란히 세워져 있었다. 부족에게 중요한 일이 생겼을 때 남자들만 그곳에 모여서 회의를 하는 곳이다. 그곳은 사끄랄Sakral, 즉 '신성한 곳'이란다. 세워진 돌을 뚜구Tugu라는데 설명이 너무 적나라했다. 아래 깔린 돌들은 여자의 자궁, 그 위에 서 있는 건 남자의 성기를 상징한다. 이유는 남자는 성기가 우뚝 서야 강하고 용맹하다는 뜻으로 그들은 그걸 볼 때마다 남자의 강함을 되새긴다고 했다. 그곳은 외부인 출입금지이지만 일 년에 한 번 특별한 행사가 있을 때만 들어갈 수 있는 곳이다.

▶ 사끄랄(Sakral), 즉 '신성한 곳'

◀ 막대기의 바구니들이 어머니의
심장

그때가 바로 9월의 응구아Nggua가 열리는 날이다. 월로가이족들에게 있어 가장 큰 전통축제인 것이다. 부족들 전체가 준비하는 가무와 조상께 제사 드리는 것으로 볼거리가 상당히 많다. 월로가이족은 리아베와Riabewa라는 부족의 우두머리가 있고 그 아래 아홉 명의 모살라끼Mosalaki들이 있다. 모살라끼는 부족들에게서 지도자로 대우받으며 부족장이기도 하다. 모살라끼들은 나무를 조각하는 솜씨가 뛰어나며 집집이 새겨진 것들도 집주인 각자가 새긴 것이라고 한다. 축제 때는 조상들께 제사를 드린다. 모살라끼mosalaki는 부족들에게서 지도자로 대우받으며 그 행사 때 모든 의식을 도맡아 진행한다.

마을의 집들은 지붕이 아주 높다. 인도네시아는 네덜란드에 350년, 일본에 3년 반 동안 식민지시대를 겪었다. 그 당시 군인들이 수시로 와서 처녀12~27세들을 잡아갔다고 한다. 부모들은 자식을 안 빼앗기려고 광주리에 담아 물건인 양 높은 선반 위에 올려두고 밥도 선반 위로 올려 주었으며 화장실 갈 때만 잠시 내려왔다가 다시 올라갔다고 한다. 부족장은 커다란 광주리를 꺼내서 처녀들이 앉았던 모습을 재현해 주었다. 웅크리고 하루 종일 앉아 있었더라면 다리도 아팠을 것이다. 더군다나 그 당시에는 MP3가 없어 노래도 못 들었을 것이고 휴대전화가 없어 페이스북도 하지 못했을 터인데 하루 종일 젊은 처녀들이 얼마나 두렵고 심심했을까.

▶ 월로가이 여인

월로가이족들이 어머니를 귀히 여기는 건 모든 생명은 어머니의 자궁에서 태어났기 때문이며 조상은 우리를 낳았으니 마땅히 섬겨야 하고, 땅은 먹을 것을 제공해 주니 고마워서, 하늘은 늘 보살펴 주고 죽으면 내 영혼이 하늘로 가니 감사해서 섬긴다고 했다. 집 안에는 창고, 안방, 부엌까지 다 나뉘어 있었다. 부엌에는 막대기가 세워져 있었고 그 막대기에는 크고 작은 주머니들을 주렁주렁 달아 놓았다. 막대기는 어머니의 몸이고 주머니들은 몸속의 장기들이며 잡곡이니 음식을 주머니들 속에 넣어 두었다가 큰 행사나 의식이 있을 때 스사지^{의식을 지낼 때 사용하는 꽃이나 음식}로 사용한다. 가톨릭과 토템이 공존하는 그들의 신앙이 내게는 생소했지만 생각해 보면 우리나라에도 가톨릭 신자들이 조상에게 제사를 드리며 절을 하는 것과 그리 다를 게 없는 것 같아 고개가 끄덕여졌다.

인도네시아는 나라가 넓어서 그런지 섬 구석구석으로 다녀 보니 참으로 희한하고 얄궂은 부족들도 많았다. 월로가이족들의 신체에 관한 이 신비스러운 풍습은 인도네시아에서도 외부로 많이 알려지지 않은 상태라서 천연문화라고 해도 될 것 같다.

<EBS 세계테마기행> 2010년 12월 방송

따나 또라자족

    술라웨시 섬 남부지역의 따나 또라자는 "인도네시아의 에덴동산 Pegunungan Eden Indonesia"이라 불린다. 따나 또라자Tana Toraja는 지방어로 '높은 곳에 사는 사람'이라는 뜻이다. 또라자족의 특징은 전통가옥 똥꼬난이 특이하며 무덤 모양과 장례식에 희생되는 꺼르바우, 돼지들의 가축시장이다.

    얼마 전 장례풍습이 유명한 따나 또라자에 다녀왔다. 그곳에 갔더니 한 마을에서 장례식을 하고 있었다. 장례의식을 취재할 수 있다는 건 나에게 대단한 행운이다. 며칠 동안 또라자족과 함께하면서 그들의 문화와 풍습 그리고 관습법에 대하여 나는 "왜?" 묻고 "아~!" 대답으로 고개를 끄

▶ 똥꼬난과 룸붕빠디(전통가옥과 곡식창고)

덕이며 많은 걸 경험하고 배웠다. 자, 그럼 그 유명하다는 또라자족의 장례의식 이야기를 해 볼까 한다. 장례의식을 람부 솔로Rambu Solo라고 한다. 람부는 '연기' 솔로는 '해가 지는 것'을 의미하여 '해가 떨어지니 슬프다'는 뜻으로 장례는 항상 해가 기울기 시작하는 오후부터 시작한다. 그런 반면 결혼식이나 경사스러운 일은 람부 뚜까Rambu Tuka라 하며 해가 떠오르는 아침부터 분주하게 행사를 시작한다.

    람부 솔로는 마을집안마다 종교마다 조금씩 다를 수 있지만 내가 참석했던 그 집안은 세 개의 관이 7일 동안 똥꼬난Tongkonan에 안치되어 있었다. 똥꼬난을 가진 집안은 장례식 때 최소한 물소 24마리 이상은 잡아야 하는 게 그들의 관습법이란다. 이번 람부 솔로 때는 물소 56마리 외에도 돼지, 말, 사슴도 한 마리씩 잡았다. 나무에 묶여 있는 사슴은 자신이 곧 죽을 거라는 걸 아는지 눈에 눈물이 그렁그렁하게 고여 있는 걸 보았다. 세상에는 많은 기술자가 있지만 백정들의 기술도 참 대단하였다. 그들은 소를 닭 잡듯이 쉽게 잡았다. 소의 오른쪽 앞 발목을 줄로 묶고 백정이 칼로 식도를 잘라 버리니 커다란 몸집의 소는 한마디 항의도 못하고 꺼꾸러지고 말았다. 그렇게 소들은 열 마리, 스물, 쉰 마리씩 무더기로 죽어 갔다. 소가죽을 벗기고 있는 아버지 옆에서 꼬마가 칭얼거리자 함께 가죽 벗기던 아저씨가 물소 발목 하나를 뚝 잘라 던져 주었다. 남자꼬마는 물소 발목을 노끈에 매달아 장난감 자동차로 핏물이 흥건하게 고인 마당으로 이리저리 끌고 다녔다. 그걸 보자, 내 유년 시절 마을에 잔치가 있어 돼지를 잡으면 돼지오줌보에 바람을 넣어 축구하던 남자아이들이 생각나서 꼬마와 물소 발목을 한참 바라보았다.

▶ 장례식 상여를 흔들며 장난치는 상여꾼들

똥꼬난 앞마당에 상여 세 개가 나란히 놓인 후 발인예배가 시작되었다. 그들은 전능하신 하나님을 섬기지만 동시에 조상을 신성시하며 섬겼다. 죽은 자의 살아생전의 모습을 조각한 따우따우^{tau-tau}에 옷을 입히고 머리카락과 액세서리로 치장하여 놓은 형상, 방부제를 사용하여 죽은 자를 집 안에 고이 모셔 두고 함께 생활하는 것도 그러했다. 게다가 마당 구석에는 대나무들이 자랐는데 그곳에는 후손을 돌봐 주는 조상들의 혼이 머물기에 아무나 함부로 들어갈 수 없다는 표시까지 되어 있었다. 이 정도에서 호기심 많은 내가 그냥 있을 수 없어 솔직하게 물었다.

"기독교신자들이죠? 십계명 제 일은 '내 앞에서 다른 신을 섬기지 말라' 그런데 왜 조상을 섬기세요?"

"물론 오해할 수 있습니다. 우리는 조상을 섬기는 것이 아니라 조상 대대로 내려오는 장례의식 전통문화를 계승하는 것뿐입니다."

똥꼬난이 있는 장소에서 발인예배를 마치고 상여가 떠따누^{가족묘}로 가면서 재미난 광경들이 있었다. 상여를 헹가래 치듯이 높이 쳐들었다가 낮추고 노래 부르는 걸 보고 있자니 발리힌두 녀뼈 때 메고 다니던 오고오고^{ogo-ogo} 같았다. 오고오고는 험상궂은 형상을 만들어 악귀라며 불에 태운다. 불에 태우러 갈 때 함성도 지르고 오고오고를 빙빙 세 번이나 돌려 가면서 길을 떠난다. 이유는 악귀가 길을 잃어 되돌아오는 길을 못 찾도록 하기 위함이라고 한다. 토라자족들이 상여를 흔들며 가는 이유는 유가족들의 슬픔을 떨쳐 버리기 위함이요. 무거운 상여를 멘 상여꾼들에게 힘을 더하기 위함이요 그리고 오늘 떠나지만 천국에서 다시 만난다는 생각을 하면 기뻐서 함성을 지르는 것이라고 한다. 소나기가 쏟아지는 빗길이다. 상여가 저렇게 흔들리면 관 속에 누운 고인이 어지럽겠다는 생각마저 든다. 그러나 무거운 상여를 들고 흥겨운 마음으로 고인을 배웅해 주는 또라자 젊은이들이 대단히게 느껴졌다. 똥꼬난을 떠난 상여는 빠따너로 들어갔다. 빠따너는 집처럼 지은 현대식 가족묘. 그 안에는 이미 조상들의 관이 수북하게 쌓여 있었다. 새로운 관들도 그 위에 놓아두었다. 그때 또 한 줄기 소나기가 쏟아졌다. 미처 우산을 준비하지 못한 나는 밭둑에 심어진 커다란 토란잎을 하나 뜯었다. 빗물을 토란잎으로 받쳐 들고 상여를 바라보니 고인은 흔들거리는 상여를 탄 것이 아니라 후손들이 흔들어 주는 요람에서 무덤으로 그리고 내세로 가는 중이었다.

▶ 절벽 중앙의 무덤들

▶ 나무에 만들어진 Baby Grave

▶ 동굴 입구에 놓인 관들　　　　　　　　▶ 큰 바위 중간에 만들어진 무덤

　　무덤의 종류도 다양했고 장소마다 가이드해 주는 마을 사람들도 다양했다. 태어나자마자 죽거나 이가 나지 않은 아기들이 죽으면 살아 있는 쩜뻬다 나무에 구멍을 파고 무덤으로 사용했다. 쩜뻬다 나무는 오직 한 그루뿐이며 아기 무덤을 'Baby Grave'라고 한다. 거목에 무덤을 만드는 이유는 아직 때 묻지 않은 아기들이 나무와 함께 영원히 살아 주길 바라는 부모의 마음이라고 한다. 높고 가파른 절벽에 시체를 둔 곳이 있다. 구멍에 여러 개의 시신을 넣어 두는 가족묘이다. 밧줄을 타고 올라가도 힘들 것 같은 절벽에 구멍을 파 무덤으로 만들어 놓는 이유는 고인이 사용하던 보물을 도둑들이 훔쳐가지 못하도록 절벽에 높이 더 높이 만들어 둔다고 한다. 절벽을 올려다보면 무덤 옆에 수많은 목각인형들이 손을 들고 있는데 오른손은 인간의 손으로 축복을 받는 손이며 왼손은 신의 손으로 축복을 주고 있는 모습을 형상화한 것이다.

　　Baby Grave 절벽무덤들은 그저 바라보기만 했지만 다음 차례인 동굴무덤은 들어가 볼 수 있다. 동굴 입구에 도착하니 밝은 대낮에 여러 명의 남자들이 등불을 들고 서 있었다. 그들은 관광객을 기다리고 있었는데 이왕이면 다홍치마라고 인상 좋고 똑똑한 사람이 가이드해 주길 바라며 차례를 기다리고 있었다. 그런데 그 많은 청년들 중에 하필 무표정한 남

자가 다가왔다. 머리는 태양 빛이
반짝거릴 정도로 빡빡머리에다 다
리를 절뚝거렸다. 우리 가까이 다
가와 담배를 한 모금 빼어 물고 연
기를 후~ 하고 공중으로 내뿜더니
꽁초가 된 담배를 나무 밑에 던졌
다. 그러고는 "동굴 속은 어두우니
나를 바싹 붙어서 따라와요." 하
고는 앞장섰다. 동굴입구에는 관
들이 수북하게 쌓여 있고 해골들
이 여기저기 나뒹굴고 있었다. 몇
개의 관이 동굴 벽에 매달려 있었
다. 오랜 세월을 지탱한 흔적이 보
였다. 관을 매달아 놓은 끈에 거미
줄이 잔뜩 쳐 있고 관모서리가 벌
어져 뭔가 흘러내릴 듯 말 듯했다.

▶ 따우따우목각

지나가던 심술궂은 바람이 쌩 하고 불기만 해도 후다닥 떨어질 것만 같았
다. 그 밑으로 지나가는데 관이 떨어질까 봐 조심스러웠다. 동굴은 왜 그
리도 어둡던지. 하긴 안 어두우면 동굴이 아니지. 일행들 중에서 나는 맨
앞 등불 가까이 걸어가고 있었다. 꼬불꼬불한 통로를 여러 번 엎드려 들
어갔다. 그 남자가 "빨리 와요" 하기에 굽이를 획 돌았는데 등불은 있고 그
험상궂은 가이드는 안 보였다. 두리번거리면서 찾고 있는데 남자는 해골이
놓인 그 중간에 얼굴을 내밀고 서 있었다. 순간, 얼마나 놀랐는지 그때를 생
각하면 지금도 심장이 벌렁거린다.

　　동굴 안에는 표현할 수 없는 냄새와 습한 기온들이 내 옷 속으로 스
며들고 있었다. 그때 유난히 눈에 띄는 두 개의 해골, 나란히 놓인 해골

앞에는 꽃 두 송이와 담배 몇 개비가 놓여 있었다. 그때 가이드가 로미오와 줄리엣이라 말했다. 둘은 서로 사랑하였지만 사촌지간이라 집안의 반대로 결혼할 수 없게 되자 함께 목숨을 끊었다고 한다. 또라자족들은 십이촌 이상이 되어야 결혼할 수 있다. 우리 일행 중 미혼인 남자가 이루어질 수 없었던 사랑의 해골 앞에서 주머니 속의 동전을 꺼내 놓고 담배 한 개비도 놓아두고 합장하더니 한참 동안 그렇게 기도를 했다. 기도 내용은 알 수 없지만 아마도 그들의 사랑이 저승에서는 꼭 이루어지길 바라는 기도가 아니었을까 짐작한다. 동굴을 깊이 들어온 것 같다. 이따금 험상궂은 가이드 얼굴이 등불에 비칠 때마다 동굴을 빨리 빠져나가고 싶었다. 잠시 가이드해 주는 사람이라도 이렇게 마음이 불편한데 여행을 함께할 사람, 더군다나 한평생 동행할 사람은 정말 사랑하는 사람이어야 되겠지. 사랑은 이루어지지 않으면 화려한 추억이 되고 이루어지면 남루한 일상이 된다 하던데. 글쎄, 내 생각을 말하라 하면 사랑이 좀 남루해지더라도 사랑은 이루어지는 것이 더 좋을 것 같다.

<JTBC 리버오디세이> 2012년 2월 방송

▶ 따나 또라자 가축시장의 돼지와 물소들

말랑의 사뚜수로

한국 팔공산에 갓바위가 있다면 인도네시아 말랑에는 까위산이 있다. 까위산에서 보면 중국의 모습과 닮았다 하여 유교인 인도네시아 중국계들이 많이 간다. 그들은 초대형 촛불을 여러 개 피워 놓았고 그 촛불은 한 번도 꺼진 적이 없다. 인도네시아 중국계들에게 까위산은 상당히 중요하며 특히 그곳에서 지극정성으로 기도하면 사업이 번창하여 성공한다는 속설이 있다.

까위산은 동부 와에 말랑에 자리 잡고 있으며, 말랑은 기후가 선선한 휴양지이며 꽃과 교육의 도시다. 그리고 자와 설날이면 까위산에서 말랑의 워노사리 주민 천여 명이 사뚜수로^{자와 설날} 행사를 하는데 아주 볼만하며 이 행사를 보기 위해 각지에서 사람들이 구름떼처럼 몰려든다. 남녀노소 형형색색 그룹별로 춤추는 행렬이 산 아래부터 정상까지 2km를 걸어가며 까위산을 아름답게 물들여 놓는다.

멀리서 바라보는 행렬은 붓으로 그림을 그리는 듯했다. 가멜란에 맞춰 흥겹게 춤도 추고 노래도 불렀다. 선두행렬들이 산 중턱에 있는 찌암시에 다다랐을 때 마른하늘에 날벼락 떨어지듯 갑자기 감자만 한 빗방울

▶ 소나기 때문에 탬버린을 비닐봉지에 넣어 사용

들이 내리꽂혔다. 행렬의 노랫소리가 멈추고 음악 소리도 멈췄다. 나는 재빨리 옷에 달린 모자를 뒤집어썼다. 화장한 여자들 얼굴에서는 빗물이 또르르 굴러떨어졌고 잠자리 날개처럼 얇은 옷은 젖어 팔뚝에 달라붙었다. 행렬에 선 사람들이 비를 피하려 들자 사회자가 '여러분 우리는 힘을 내서 정상까지 가야 합니다.' 사회자가 주민들을 달래듯이 두세 번 마이크로 방송하자 후미 행렬들은 선두행렬이 기다리고 있는 찌암시로 갔다.

찌암시에는 타로점이나 새해 운세를 보는 사람들이 많다. 고3 학생 여러 명이 국가졸업고사를 잘 쳐서 무사히 졸업하고 진학이냐 취업이냐 선택의 점괘를 뽑고 있었다. 청춘남녀도 있었고, 손녀와 온 할머니도 신중하게 점괘 통을 흔들었다. 한참 통을 흔들자 운명의 막대 하나가 툭 하고 떨어졌다. 모든 행렬이 산중턱에 모이자 스콜현상으로 소나기가 뚝 그쳤다. 산 정상에는 천여 명의 워노사리 주민들과 수천 명의 관광객들이 운집했다. 학생들이 선악을 상징하는 악마들과 천사들의 율동으로 춤을 추다가 천사들에 쫓겨 악마들이 물러갔다. 그리고 제단 위에 만들어 놓은 '상깔라Sangkalah'를 불에 태운다. 불에 타 없어지면 잡귀와 액운이 물러가고 신선하고 새로운 1월을 맞이한다. 상깔라가 불에 태워질 때 사람들은 모두 하늘을 보며 자와 방언으로 노래를 불렀다. 자와 인들은 서로에게 새해인사를 나누었다.

새해 복 많이 받으세요. Selamat Tahun Baru슬라맛 따훈 바루

<KBS 지구촌뉴스> 2009년 1월 방송

▶ 선과 악이 만나 춤을 춘다.

▶ 악귀는 타고 새해는 밝았다.　　　　　▶ 까위산에 놓은 대형 촛불들

발리 힌두교의 녀삐

　　발리 시내는 녀삐를 맞이하기 위해 삼 일 전부터 발리의 안녕과 더러워진 세상을 정결하게 기원하는 제를 올린다. 첫째 날은 멀러스띠 의식으로, 둘째 날은 발리남자들의 께짝 댄스로 흥겨움을 더하고 마지막 녀삐 전날 밤에는 오고오고Ogoh-Ogoh 행진이 있다. 그리고 다음 날 아침부터 녀삐Nyepi 새해Çaka라고도 한다. 녀삐는 인도네시아어 스삐Sepi에서 가져온 조용하다는 뜻이다. 녀삐날에는 누구든지 발리에 있다면 꼭 지켜야 할 사항이 있다. 불 사용, 일하는 것, 시끄러움, 외출을 금해야 한다. 관광객들도 하루 종일 호텔에서 외출을 하지 못한다.

▶ 녀삐를 맞이하여 숭바양하는 발리 힌두교인들

그날은 발리 섬이 조용하고 편안하게 휴식을 취하는 날이다. 스사지 Sesaji 먹으러 다니던 골목의 개들도 거리를 다니지 않는다. 버스 터미널도, 항구의 선박도, 국제공항이지만 이착륙하는 비행기도 없고 공항 안의 모든 시스템이 정지되었다. 믿기지 않았는데 그런 상황을 겪으면서 나는 정말 지구가 멈추려는 것만 같았다. 모든 걸 인위적으로 멈추게 할 수 있으나 자연은 멈추게 할 수가 없었다. 꾸따 해변의 파도는 여전히 모래사장을 들락날락거렸고 나뭇잎들은 바람에 실렁대고 새들은 공중을 날아다녔다. 거리에는 뻐짤랑들이 관할 내로 다니면서 외출하는 사람을 만나거나 불이 켜진 집이 있으면 주의를 주는데, 뻐짤랑은 녀삐 때 만들어지는 특별순찰대이다. 밤이 되어도 아무도 불도 켜지 못한다. 눈을 떠도 감아도 눈앞이 깜깜한 세상이다. 이쯤에서 '그런 발리 시내를 넌 어떻게 그리 잘 아니?' 질문한다면, 직접 다녀 보았기 때문에 잘 알고 있다.

그 당시 두 해 전 발리에는 폭탄테러가 있었다. 그 일로 인해 관광객이 상당히 줄었고 발리시는 울상이 되었던 터였다. 나는 꾸따 지역의 뻐망꾸힌두 지도자에게 녀삐 날에 거리에 다닐 수 있도록 해 주면 발리문화를 한국에 알릴 수 있는 좋은 기회라며 부탁했었다. 뻐망꾸는 가만히 생각해 보더니 거리에 다닐 수 있도록 허락을 해 주었다. 대신 뻐짤랑과 함께 다니고 사룽을 걸쳐 달라는 조건이 있었다. 공항에 가서도 <KBS 놀라운 아시아> 프로그램의 특성을 설명하고 촬영협조를 부탁하여 아주~ 어렵게 허락을 받았다. 발리 국제공항에서 보딩패스를 받은 사람들이 모두 비행기를 탔고 사람들이 하나둘씩 사라지면서 불이 꺼졌다. 북적대던 발리 시가지에는 아무도 없었다. 가게는 일제히 문을 닫았고, 아무도 없는 거리에는 먹고 버린 과자봉지만 이따금 바람에 날려 이리저리 쓸려 다녔다.

▶ 녀삐가 되기 반 시간 전 텅 빈 발리 국제공항   ▶ 변화하던 꾸따 시내

　　발리 힌두는 제물 바치는 풍습에서 심벌을 중요시한다. 오고오고는
예술과 종교적 의식의 표현을 상징하며 녀삐를 맞이하며 발리 주민들이
만든 창의적 예술품이다. 오고오고는 '오가오가$^{ogah-ogah}$'라는 말에서 유래
되었으며 '움직이는 물건'이라는 뜻이다. 일반 동상들은 가만히 서 있지만
오고오고는 움직이는 동상으로 발리의 전통춤과 예술적인 가치를 지닌
것이다.

　　오고오고의 발리 힌두 전설에 내려오는 귀신의 모습 부따깔라 모습
이다. 부따깔라는 욕심과 질투, 심술 등 나쁜 마음을 표현하기에 무시무
시하게 만든다. 그러나 반대로 선한 빤짜빤다와 가똣까짜, 라마데와를 만
드는 사람들도 있다. 오고오고의 특징은 사람들이 메고 빙글빙글 도는 것
이 특징인데 쫓아낸 악귀가 어지러워서 길을 잃고 다시는 못 돌아오도록
하는 것이다. 처음 80년대 오고오고는 대나무, 짚단, 종이, 시멘트로 만들
었다. 움직이지 않았기에 긴 막대기에 오고오고를 꽂아 놓았다. 90년대
에는 좀 더 세밀하게 깃털을 사용하고 장식품도 많은 비중을 차지하다가
점점 쇠로 만든 뼈대를 통해 복잡하고 웅장하게 만들고, 예전에는 막대로
오고오고를 움직이게 만들었다면 지금은 기계를 이용해서 오고오고가
혼자서 간단하게 움직일 수 있게 만들고 있다. 부따깔라도 화제가 되는
사회적 이슈를 풍자하며 일부는 시대의 모습이라며 술에 만취된 모습이

나 기타 치는 모습도 눈에 띄었다. 현란한 네온사인의 불빛을 받으며 빙빙 돌아가는 오고오고는 발리인들의 뛰어난 예술작품이다. 호텔 레스토랑에서는 수박으로 만든 오고오고를 볼 수도 있다.

<KBS 놀라운 아시아> 2007년 3월 방송

▶ 오고오고, 어지러워서 길을 잃어버리고 다시는 찾아오지 말거라.

▶ 꾸따 해변의 저녁노을이 내려앉을 때

▶ 저녁노을이 내려앉은 꾸따 해변

▶ 울루와뚜. 원숭이 소리를 내면서 추는 께짝 댄스

빠푸아 섬의 다니족

빠푸아Papua 섬은 자야뿌라가 중심도시이며 만년설이 있다. 종족으로는 라니, 다니, 똘리가리, 아스맛족 등 수백 부족들이 살고 있으며 깊은 산 속의 확인되지 않은 곳에는 식인종까지 살고 있다 한다.

수라바야에서 밤 11시 비행기로 출발하여 자야뿌라에 도착하니 다음 날 아침 8시였다. 다시 경비행기를 타고 한 시간 더 가야 한다. 탑승시간이 되자 "와메나wamena로 가는 빨간색 보딩패스 승객들은 탑승하세요"라고 방송했다. 비행기에 탑승했다. 티켓에 좌석번호가 없어 시내버스처럼 마음대로 앉으면 되고 남자승무원이 볶음밥을 나눠 주었다. 공항에 도착했다. 와메나 사람들이 비행장의 울타리를 부여잡고 도시에서 온 사람들을 구경하고 있었다. 가다가 사진으로만 보던 꼬때까koteka 차림의 알몸 할아버지를 보았다. 차는 지나가고 내 시선은 할아버지를 따라 계속 뒤돌아보고 있었다. 참 이상한 일이다. 내가 사는 도시에서 벌거벗고 다니면 정신이상자로 취급해 눈길을 돌렸지만 이곳에서는 신기하게 보여 내 눈길이 자꾸만 그 할아버지에게로 갔다.

많은 부족들 중 나는 수로바에 사는 다니족을 만나러 갔다. 마을 입구에는 망루pikon kayo가 있는데 다른 부족의 침입을 감시하고 침입자가 있으면 피리를 불어 부족들에게 알리는 곳이라 했다. 그곳을 지나 넓은 강물에 놓인 통나무다리 강을 두 번 건너야 수로바 마을이다. 수심은 약 5미터를 넘고 황토물이 차갑게 흐르고 있었다. 그곳의 평균기온은

14.5~24도이며 지난밤에 비가 내려 통나무 위로 강물이 찰랑거렸다. 신발을 벗고 맨발로 걸어가니 발이 무척 시렸다. 강을 다 건널 무렵 감각을 잃고 통나무 위에서 미끄러져 강물에 빠졌다. 소리치는 나에게 양 PD는 손을 내밀어 건져 줄 생각은 않고 오히려 카메라로 나를 촬영했다. 안 건져 준다고 뭐라 했더니 빠지는 걸 처음부터 찍어야 하는데 걱정하다가 늦게 찍는 바람에 제대로 못 찍어서 안타깝다고 하며 웃었다.

다니족 남자들은 꼬떼까^{koteka}만 했고 여자들은 젖가슴을 드러낸 채 살리^{Sali} 치마를 입고 있었다. 이런 모습의 사람들을 만나다니 정말 다른 세상에 온 것 같았다. 그들의 첫인사는 악수를 하면서 여자들은 '라욱^{Lauk}', 남자들은 '나약^{Nayak}'이라고 말하는 것이라고 했다. 그 말은 '좋다, 반갑다, 축하한다' 등 여러 가지 의미의 말이라고 했다. 그들은 손님인 우리에게 커피나 홍차 대신 물을 대접했다. 도로에서 마을까지 한참 걸어왔던 터라 물을 받아 마셨다. 집 근처에 우물이 없는데 물은 어디서 길어 오는지 물었더니 내가 빠졌던 그 강물에서 떠 온 것이라 했다. 남자들이 길어 온 물은 남자들만 마시고 여자들은 마실 수 없으며 여자들이 길어 온 물은 남자들이 마실 수 있는 게 그들의 문화란다. 게다가 손님에게는 남자가 물을 떠 와서 대접하는 것도 문화란다.

▶ 마을의 모든 여자와 어린아이들은 다 모여라

그들은 가족 중에 누가 죽으면 슬픔을 함께하며 자신의 귀나 손가락을 한 마디씩 잘랐다. 칼로 자르는 것이 아니라 돌로 자신의 손가락을 내리쳤다는 것이다. 열 손가락 중에 여러 손마디를 잘라 버린 할머니의 손과 잘려

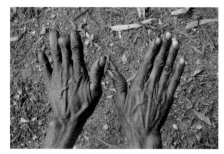

▶ 가족의 죽음으로 잘린 손가락

버린 할아버지의 귀를 보며 유산치고는 슬픈 유산이라 생각했다. 뿐만 아니라 사람이 죽으면 화장하여 뼛가루를 집 담벼락 위에 뿌리면 죽은 자가 재앙을 집 안으로 못 들어오게 막아 집안이 평안하며 밭에 뿌리면 밭농사가 풍년을 이룬다는 속설을 가지고 있었다.

다니족을 만나러 가는 셋째 날이었다. 오늘밤은 마을 입구 호나이움^{막집}에 하루 묵으면서 그들의 밤 생활을 촬영하기로 했다. 호텔에서 약을 잘 챙겼고 차 안에서도 약이 들어 있는지 한 번 더 확인했다. 이곳으로 오기 전 나는 과로하여 입원했다 퇴원하면서 곧장 촬영지로 왔다. 입원해 있는 동안 빠푸아에 오기 위해 말라리아 약을 먹었고 일주일 후에 한 번 더 먹으면 되는데 내일이 약 먹는 날이다. 오늘은 마을에 들어서자 분위기가 조용했다. 어제 만난 아저씨에게 무슨 일이냐고 물었더니 어른 두 명과 3개월 된 아기가 말라리아를 앓다가 어젯밤에 목숨을 잃었다고 했다.

"말라리아 걸린 것을 어떻게 알아요?"

"고열이 심하게 나다가 갑자기 오한이 들어 덜덜 떨다가 며칠 있으면 죽어요."

"며칠 있으면 죽어요?"

아저씨는 대답 대신 고개를 끄덕였다. 그러면서 당신들이 사는 마을은 말라리아가 없는데 다른 지역으로 나무하러 갔다가 걸렸다고 한다.

'그래도 안심할 수는 없지, 모기는 날개로 날아다니고 나는 걸어 다니는데. 게다가 잠잘 때 와서 물어 버리면 어떡하지.' 무서워지기 시작했다. 아니 무서웠다. 오늘밤 움막에서 잠잘 때 말라리아가 날아와 물면 어쩌지, 내가 아무리 이 일을 즐기며 한다고 해도 목숨과 바꾸기엔 너무 억울하지 않은가. 내가 무서워하자 아저씨는 말라리아 걸린다고 다 죽는 건 아니며 3개월 동안 깜짝 놀란 사람처럼 어깨를 들썩거리며 떨다가 회복되기도 한다며 위로했다. 그건 나에게 슬픈 위안이었다. 나는 아저씨의 말이 끝나자마자 조용히 가방을 열어 내일 먹어야 할 말라리아 약을 입에 털어 넣었다.

다니족들은 집들이 한곳에 모여 있었다. 집^{후나}은 남자들만 자는 곳, 여자들만 자는 곳이 분리되어 있었다. 부부가 함께 자려면 다른 곳으로 옮겨서 자야 하고 둘만의 장소는 예비로 지어 놓은 집이나 들판이라고 했다. 밤에는 화덕에 장작불을 피우면서 온기로 움막을 데웠다. 그 움막에 들어가 보니 장작으로 천장에는 그을음이 가득했고 연기로 눈이 매웠다.

카펫 대신 부드러운 갈대 위에서 이불도 없이 그렇게 잤다. 아무리 보드랍다지만 갈대인데 그 위에 알몸으로 잔다니 보기만 해도 마음이 짠했다. 사람이 셋이나 죽었으니 마을에서는 돼지를 잡았다. 돼지는 그들에게서 슬픔이나 기쁨의 대상이며 부의 상징이다. 오늘은 즐거워서 잡은 것이 아니라 슬픔을 함께하고자 함이란다. 익었다고 꺼낸 돼지고기에서 핏물이 줄줄 흘렀다. "이것 덜 익었잖아요." 했더니 아저씨가 슬픔을 표현할 때는 덜 익은 돼지고기를 먹는 것이 풍습이라 했다.

마을 입구 호나이^{움막}에서 잠자는 시간이다. 갈대숲으로 된 지붕에서는 지네처럼 생긴 벌레가 뚝 떨어졌다. 마을 입구라지만 산속 움막집에서 잔다는 것이 운치가 있어 보이나 운치와 안전은 상관이 없다. 낯선 곳 산속인데 나는 무서워서 함께 잘 수 있는 사람을 부탁했다. 와메나에서 여고생을 불러 우리는 밤에 기타를 치며 인도네시아 노래를 불렀다. 가끔 인도네시아 노래를 흥얼거리는 걸 양 PD가 들었는지 그런 내가 신기하다고 말했다. 한밤중이다. 잠이 오지 않아 눈을 떴다. 눈을 떠도 깜깜하고 눈을 감아도 깜깜했다. 조용한 가운데 멀리서 슬픈 곡소리가 들려왔다. 나는 일어났다. 곡소리가 무서운 게 아니라 말라리아가 무서워 모기약을 농약 치듯이 움막 안에 쳤다.

275년 된 미라가 있었다. 족장 위몬또마블^{wimontok mabel}이 앉은 자세로 훈연된 미라이다. 그의 유언으로 후손들이 미라를 만든 것이다. 목숨이 끊어진 후 내장을 모두 꺼낸다. 내장을 꺼내지 않으면 피부가 건조해지지 않기 때문이다. 그런 후 나무바늘로 피부 전신을 찔러서 통풍이 잘 되도록 하고 불을 피워 연기에 그을린다. 미라를 모셔 두는 곳을 뻴라모^{pilamo}라고 한다. 뻴라모 안에는 항상 화롯불처럼 따뜻하게 불을 피워 온도를 유지해 준다. 나무로 된 천장에는 그을음이 가득하였다. 뻴라모에는 외부 사람들의 출입은 거의(?) 금하고 더군다나 여자가 출입하면 부족들에게 재앙이 생긴다고 했다. 우리는 그들의 말에 잘 알겠다고 대답하고 촬영했다. 미라를 뻴라모 밖으로 꺼내서 촬영한 후 안으로 가져 들어갈 때 양 PD가 따라 들어갔다. 바늘 가는데 실이 안 갈 수 없다. 통역을 위해 나도 뻴라모로 들어가 버렸다. 처음에 여자가 들어가면 큰일 난다고 해서 나는 뻴라모가 무너지기라도 하는 줄 알았다. 그런데 밖으로 나와도 아무런 일이 생기지 않았다. 아니 약간의 일이 있긴 있었다. 그건 자기네들에게 생긴 것이 아니라 우리들에게 생긴 것이다. 성스러운 뻴라모에 들어갔으니 돈을 좀 달라는 것이었다. 부족들에게 생길 큰 재앙을 우리는 약간의 돈으로 해결했다.

▶ 미라

▶ 엉덩이에 풀을 내린 건 액세서리

▶ 노껜은 여아들에게도 어른들에게도 필수품

▶ 돼지 돌 구이 만드는 중

다니족 여자들은 머리에 망태기를 둘러메고 다닌다. 그건 노껜[Noken]이다. 노껜을 머리에 걸고 다니는 이유는 결혼할 때 부모에게 받은 선물이라 귀하게 여기기 때문이다. 노껜은 다용도로 사용되었다. 윗도리를 입지 않고 사용하면 옷처럼 따뜻하고 시장 가면 시장바구니, 밭에서는 망태기, 아기를 넣어 다니면 포대기가 된다. 살리[sali]는 여자들 치마로 식물이나 나무줄기를 가늘게 말려서 부드럽게 만든 것이다. 꼬떼까는 남자의 심벌을 넣고 아래로 처지지 않도록 줄을 허리춤에 감아 위로 세운다. 하림[harim]이란 조롱박 열매를 불에 익혀 속을 파내고 햇볕에 말려서 꼬떼까로 사용한다. 어린아이가 뛰어가다가 넘어지면 꼬떼까가 깨어지기도 하고 잠잘 때 몸부림하다 보면 가끔 깨어지는 수도 있어 사람에 따라서는 꼬떼까를 빼 두고 잘 때도 있다고 한다.

와메나 시내를 다니다가 원주민을 함부로 사진 찍으면 안 된다. 사전에 가격을 정하고 찍어야 한다. 만약 여행자 마음대로 사진 찍었다가는 그들에게 초상권 침해로 상당히 많은 돈을 요구당할 것이다. 와메나를 떠나 집으로 왔을 때 집 안의 전등불이 엄청 밝다는 것과 내 삶이 너무 행복하고 감사하다는 걸 느꼈다.

<KBS VJ 특공대> 2010년 3월 방송

▶ 하림을 불에 익혀 꼬떼까를 만드는 중

삼 일간의 미친 짓

　누군가 '결혼은 미친 짓이다'라고 말했다. 여러 번 미치는 것도 나름 능력이겠지만 미칠 때는 신중하게 미쳐야 한다. 인도네시아 자와 사람들은 결혼식을 전통적으로 하면 삼일이나 걸린다. 인도네시아에는 예식장이 없다. 예식장이 없다고 결혼식을 하지 않고 동거하는 건 아니다. 주로 대학교 관공서 강당이나 홀을 빌려서 한다. 서민들은 자신의 집 앞 골목길에 천막을 치고 결혼식을 하는데 길을 지나가다 보면 천막이 쳐 있고 음악 소리와 사람들이 많으면 결혼식이라고 생각하면 된다.

　자바 사람들도 결혼하면 좋은 달과 그렇지 못한 달이 정해져 있다.

좋지 않은 달은 일 년 중에 석 달이 있는데 그런 달에 결혼을 하게 되면 부부간의 금실이 좋지 않거나 자식들이 불행해진다고 한다. 몇 년 동안 가깝게 알고 지내던 분의 딸이 결혼을 전통적으로 한다며 나를 초대했고 나는 도대체 어떻게 하는지 관찰하고 싶어 삼 일 동안 함께했었다.

결혼식 전날, 혼주가 신랑 신부에게 축복기도와 덕담을 해 준다. 가까운 친지 어른들도 기도와 덕담을 해 주었다. 그다음에는 혼주가 신랑 신부에게 성수를 몸에 부어 주는 의식이 있다. 성수는 깊은 산이나 계곡에서 흘러나오는 샘물로 하되 일곱 군데를 다니면서 떠서 모은 물이어야 한다. 떠온 계곡물에 기도하면 성수가 되고 그 성수로 몸을 씻겨 주었다. 몸을 씻겨 줄 때 샤워하듯이 비누칠하고 머리 감기는 것이 아니라 성수에 부모가 꽃잎을 동동 띄운 후 꽃잎과 물을 떠서 신부 머리에서부터 온몸으로 부어 준다. 부모가 먼저 하고 난 후 친지들도 한 바가지씩 신부에게 퍼부었다. 성수의식은 신랑 신부 각자 집에서 하며 지금까지 행한 모든 것이 정결해지고 새로운 사람이 되라는 뜻으로 한다.

정결하게 몸을 다 씻었으면 부모는 신부를 안아 준다. 그건 태어났을 때 처음으로 안아 주었고 지금 품 안의 자식으로는 마지막 포옹이 될 것이라는 의미다. 그런 후 성수가 담겼던 항아리는 부모가 들어서 내던져 산산조각으로 깨뜨린다. 사람들은 깨진 항아리 조각을 주워서 에스다윗Es Dawet 한 그릇과 바꿔 먹는다. 에스다윗은 빤단 이파리를 찧은 초록색으로 찹쌀을 반죽하여 만든 올챙이 국수 모양의 알갱이를 야자를 갈아 삶은 물에 둥둥 띄운 것이다. 감주에 밥알이 뜨는 것과 비슷하며 맛은 달콤하고 구수하다. 알갱이들을 많이 띄우는 건 많은 하객들이 와서 축복해 달라는 뜻이다.

둘째 날은 신랑이 신부 집으로 왔다. 신랑은 날달걀을 밟아 깨고 신부는 깨진 달걀로 더러워진 신랑의 발을 씻겨 주는데, 이것은 남편에 대한 복종을 뜻하고, 발을 씻겨 준 후 신랑이 땅바닥에 앉은 신부의 손을 잡아 일으켜 세워 준다. 그 의미는 이제부터 우리는 부부로 서로 동등하다는 뜻이다. 또 신부 아버지가 신랑 신부를 양쪽 무릎에 앉혀 놓으면 신부 어머니가 어느 쪽이 더 무거운지 물었다. 신부 아버지는 '똑같다'고 말했고, 이때 똑같다는 말은 사위도 자식이라는 걸 의미한다. 신랑이 신부의 가슴을 향하여 시리 줄기를 던지는데 사랑의 화살이다. 이런 소소한 의식이 끝나 갈 무렵 신랑은 신부에게 돈을 주거나 선물을 주는데 내 아내가 되었으니 축하의 선물을 준다는 것이고, 결혼 서약이 끝나면 신랑 신부는 여권처럼 생긴 붉은색과 녹색의 수첩을 받고 종교부에 등록하여 관공서에 혼인신고가 된다.

마지막 셋째 날에도 아침부터 하객들이 몰려들어 종일 축하를 주고받는다. 특히 저녁때 만찬은 다른 때보다 음식이 푸짐하다. 종일 음식을 사람들에게 제공하는 이유는 시간을 정해 놓아도 제시간에 오는 사람들이 그리 많지 않아 하루 중에 하객들이 올 수 있는 시간을 선택해서 올 수 있도록 배려하는 것이라고 한다. 만찬이 끝날 때까지 신랑 신부는 의자에 앉아 하객들에게 축하를 받으며 친밀도에 따라 양쪽 볼을 비비거나 악수를 나눈다. 날마다 장소에 따라 신랑 신부는 옷을 갈아입었고 아침부터 밤까지 하객들을 맞이하였다. 3일째 되던 날 나는 신부에게 살짝 물어봤다.

▶ 결혼 서약 후 받은 부부증명수첩

"날마다 많은 손님들을 맞이하는데 피곤하지 않아요?"

"아니, 피곤하지 않아요!"

잠시 주례사의 주례가 끝나면 모든 것이 끝나 버리는 예식장 결혼식과는 많은 차이가 있었다. 인도네시아 자와 전통 결혼식을 함께하면서 정말로 사랑하지 않고 사랑에 미치지 않으면 삼 일간의 결혼식도 육체적으로 피곤한 일이 아닐까?

<KBS 지구촌뉴스> 2007년 8월 방송

▶ 신랑 신부가 하객들을 맞이하는 곳

소꿉놀이 같은 며칠간의 숲 속 생활

가아이족은 깔리만딴 동부에 산다. 그들은 산과 들과 강에서 모든 걸 자급자족하면서 산다. 하루 종일 산으로 그들을 따라다녔다. 열대우림…… 커다란 나무들이 햇볕을 가려서 뜨겁지는 않았다. 하지만 산꼭대기가 아닌 계곡 같은 산속이라서 공기가 습했다. 게다가 낙엽이 쌓이고 쌓여 발을 옮겨 놓을 때마다 물이 질퍽했다. 낙엽 썩는 냄새도 바람 불 때 한몫했다.

그들은 사냥을 위한 도구로 창과 독침을 사용했다. 독침은 점^{jem}나무의 수액을 받아 나무바늘 끝에다 묻혀 사용하는데 그 독은 상처를 통해 들어가면 사람도 금방 죽는다. 사냥하러 다니다 배가 고프면 움붓^{umbut}

▶ 사냥에서 잡은 멧돼지를 어깨에 메고

나무 줄기를 깎아서 그 속의 보드라운 속살을 먹는다면서 바나나 크기만 하게 잘라 우적우적 씹어 먹었다. 맛이 어떤가 싶어 나도 한 입 베어 물었다. 그 맛은 밤처럼 깔끔하면서도 고구마처럼 물기도 있는 단맛이었다. 목이 마르면 우까멈ukamem나무 줄기를 잘랐다. 잘린 토막에서 녹은 쮸쮸바처럼 물이 줄줄 흘러내렸다. 역시 나도 받아 마셨는데 그 맛은 우거진 숲에서 자란 나무라서 그런지 목구멍까지 시원하면서도 가그린으로 입을 헹군 듯 입 안을 개운하게 했다.

여기저기서 자라고 있는 야산의 벼를 절구통에 넣고 찧어 쌀을 만들고, 밥을 지을 때는 쌀을 물과 섞어 밥솥 대신 긴 대나무 마디 속에 넣고 바나나 잎을 둘둘 말아 뚜껑으로 덮었다. 그 밥은 눌어붙지도 않았다. 반찬으로 강에서 물고기를 잡거나 사냥을 하기도 했다. 대나무로 밥만 짓는 것이 아니라 매운탕이나 나물국도 끓였다. 대나무에 막대기를 길게 해서 그 속으로 물고기를 넣고 고추와 양념을 넣어 비스듬히 세워 두고 그 아래서 불을 피우니 저절로 탕이 끓여졌다. 식사 시 밥그릇으로는 지천에 널려 있는 바나나 잎을 사용하는데 두꺼운 잎은 받침대로 사용하고 밥이 담아질 부분의 이파리는 불에 김 굽듯이 살짝 구워 부드럽게 만들었다. 다 된 밥을 이파리에 퍼 담고 둘러앉아 식사를 했다. 숟가락 역시 필요 없다. 손가락이 있으니까. 그들은 밥을 바나나 잎에 담아 주면서 자꾸 먹으라고 했다. 먹는 흉내라도 내야 할 것 같아서 두어 번 떠먹었다. 그러고는 밥맛이 좋다고 했다.

부족 중의 한 사람이 나에게 말했다,

"미세스 김, 세계에서 제일 부자가 어느 나라 사람들인 줄 아세요?"

"가장 부자라…… 글쎄요?"

"대나무에 밥해 먹는 우리 가아이Gaai족이지요."

"대나무에 밥해 먹는데 왜 부잔가요? 한국에는 대나무 통에 밥해서

파는 식당도 있는 걸요."

나는 이해를 하지 못했다. 금으로 된 그릇에 은수저로 밥 먹는 것도 아니고 대나무 통에 밥 지어 바나나 잎에 담아 손으로 먹는 당신들이 가장 부자라니.

"어떻게 해서 그런가요?"

"세계 어느 나라 사람들도 우리처럼 밥솥과 밥그릇을 일회용으로 사용하는 사람들은 없지요."

"아, 그렇군요. 그러면 제가 오늘 세계에서 가장 부자들과 함께 식사를 했군요."

간식으로는 싱콩^{카사바}을 구워 먹으며 후식으로 바나나와 파파야를 따 먹었다. 식후 차 한 잔의 여유로 구수한 숭늉이나 커피 대신 겐젤 잎을 따서 우려 마셨는데 말라리아 예방과 치료에 좋다고 했다. 풀잎 하나 물에 띄워 주는데 그걸 못 마시겠나 싶어 한 모금 마시니 달콤한 듯해 꿀꺽 삼켰더니 뒷맛이 쌉쌀하였다. 찻잔 역시 대나무로 만든 것이고 떠나올 때 두 개의 대나무 찻잔까지 선물로 받아 왔다. 아이들 야뇨증은 빨간버섯 끌룻^{kelut} 위에 물을 떨어뜨려서 일곱 번 마시면 치료되며, 반드시 금요일 밤에 그렇게 해야 한다. 겐젤 잎은 물에 담가 두었다가 그 물로 아기들을 목욕시키면 피부가 매끄러워진다고 했다.

건강해지려면 원시인처럼 먹고 마시고 운동하라는 기사를 읽은 적 있다. 날마다 삼림욕하고 나무와 숲과 새소리 들으며 가아이족처럼 생활하면 어찌 건강해지지 않을까. 그리하여 나는 소꿉놀이 같은 며칠간의 숲 속 생활을 마쳤다.

<KBS VJ특공대> 2011년 6월 방송

▶ 사냥에서 잡은 돼지를 굽는 일은 여자들의 몫

▶ 잘 익은 돼지고기. 검게 탔지만, 쩝쩝 맛있다.

▶ 부족들이 다 함께 사냥에 나섰다.

전통가옥 베나 마을

바자와(Bajawa)

아무도 없는 산골에서 한 노인이 밭을 갈고 있었다. 까마귀가 날아가면서 접시를 떨어뜨렸다. 밭에서 접시를 주운 노인은 '이상하다. 이 근처에는 아무도 살지 않는데 도대체 이 접시는 어디에서 왔을까. 이 접시는 사람들이 살고 있는 자와에서 날아온 것이 분명하다'고 생각했다. 그 후 '빠자와Pajawa'라고 불리다가 오늘날 '바자와Bajawa'로 불리게 된 것이다. 빠Pa는 '접시Piring', 자와Jawa는 지금의 자바Java 섬을 말한다.

▶ 입주식 준비로 분주한 베나 마을의 모습

전통가옥 베나 마을

베나 마을은 바자와^{Bajawa}의 응아다^{Ngada}에 위치한 산속의 전통가옥들로 형성된 마을이다. 베나 마을은 모계사회이며 여자는 열일곱 살부터 시리삐낭^{siripinang}을 씹는다. 오래 씹어 치아가 검어지면 결혼적령기로 인정하여 부모들이 정해 준 남자와 혼인하게 된다. 결혼할 때 신랑은 지참금으로 수 다섯 마리를 가져와 신부에게 건넨다. 맏딸이 재산을 상속받으며 그 권리가 인정된다. 맏딸은 집안의 모든 재산이나 그에 준하는 걸 물려받는다. 그러나 딸이 둘이나 셋일 경우 서로 합의하에 맏딸이 여동생에게 장녀권한을 양보할 수도 있다. 결혼은 외부 마을 사람과도 가능하지만 사위와 함께 살고 있다.

같은 모양의 집들이 나란히 붙어 있는 베나 마을, 넓은 마당에는 원두막 모양의 남자^{응아후} 여자^{바가} 세워져 있는데 각각 부족들의 심벌이다. 다른 부족으로부터 인정받기 위해서는 심벌을 세워야 하며 다닥다닥 붙어 있는 이웃이지만 일정한 간격으로 세워진 심벌^{응아후, 바가}은 이웃 간의 울타리 역할을 한다. 뿐만 아니라 집 앞에는 거석^{Megalith}들이 놓여 있다. 부족의 부에 따라 크기도 다르다. 그리고 하나 더, 지붕 위 용마루에 사람 모양이 있는 집은 부모와 장녀가 사는 집이라는 표시다. 그 외 집 모양도 있고 원숭이 모양도 있는데 그건 부족들마다 다르다.

베나 마을의 가장 큰 행사는 명절도 결혼식도 아닌 입주식이다. 수십여 마리의 소와 돼지를 몇 마리 잡느냐에 따라 집주인의 덕망과 부의 상징을 나타낸다. 소를 잡을 때 심벌^{응아후}에 소를 매달아서 바자와 사람들만이 다용도로 사용하는 칼^{빠랑}로 소를 잡는다. 잡은 소의 피를 응아후 기둥에 발라서 조상에 대한 예를 다하고 부족의 심볼을 더욱 신성시한다. 그들의 장례문화는 무덤을 리필하듯이 합장을 한다. 부엌마다 이상한 주

머니를 걸어 놓고 그 아래 매끼마다 밥을 떠 놓고 조상도 섬기지만 그들
은 가톨릭 신자들이다.

<EBS 세계테마기행> 2010년 12월 방송

▶ 입주식 때 돼지 잡는 장면

▶ 입주식 행사를 흥겹게 즐기며 춤추는 베나 마을 사람들

▶ 거석(Megalitih)과 응아후(Ngadhu)와 바가(Bhaga)는 이웃 간의 울타리 역할을 한다.

화산에 사는 떵거르족

나는 무서워서 "엄마야~" 하고 소리쳤다.

분화구 옆에서 사진 찍는다고 서 있는데 우르르 쾅쾅 하는 소리를 들으니 무서웠을 수밖에.

황폐해진 모래사막에 서니 폭발 이전의 모습이 선하게 떠올랐다. 관광객들을 태우고 지프는 모래사막 한가운데로 먼지를 날리며 달렸다. 마부들은 말이 힘들어하거나 말거나 손님을 태웠고 말은 입에서 거품을 토했다. 그렇게 분주하던 이곳에 아무도 없다. 위험하다며 아무도 구경 오지 않는 이곳, 넓고 넓은 모래사막에 나와 나를 데려다 준 오토바이 한 대뿐이다.

브로모를 내려오는데 비가 내린다. 날아다니던 먼지가 눈에 보이지 않았는데 비를 맞으니 진눈깨비처럼 내렸다. 자동차 앞 유리창에 함박눈이 펑펑 내린 것이 아니라 검은 눈이 후드득 내려앉은 것이다. 산허리를 지나는데 바로 앞도 잘 안 보인다. 어제 새로 산 윈도브러시는 비에 젖은 화산먼지가 무거운지 삐거덕삐거덕거리면서 창문을 겨우 닦고 있다. 닦아도 닦아도 창문은 희뿌옇기만 하다. 밖을 내다보기 위해 잠시 창문을 열었다. 창문을 닫으려는데 문틀에 낀 먼지 때문에 창문이 '끼이익' 하며 올라갔다.

화산이 폭발하고 있지만 그리 위험하지 않다는 소리를 듣고 일부러 브로모를 찾아온 관광객일까, 아니면 와 보니 이런 상황일까. 숙소 앞에 서 있던 서양인 남자는 오랫동안 버스를 기다린 모양이다. 우리 차를 보더니 가방을 메고 다가와서 좀 태워 달라고 했다. 나는 태워 주고 싶었지만 화산 폭발로 인해 피해를 입은 아랫마을에 생필품을 나눠 주러 가는 길이기에 태워 줄 수가 없었다. 눈동자가 맑은 서양인은 어깨에 둘러멨던 가방을 다시 내렸다. 이럴 땐 미안하다는 말을 "쏘리" 한 단어로 하기엔 너무 짧은 것 같다.

조심조심 산 중턱을 내려오다가 수업을 마치고 돌아오는 학생들을 만났다. 화산먼지를 맞지 않으려고 비옷을 입고 있었다. 미처 준비하지 못한 학생은 비옷을 여럿이 함께 쓰고 있었다. 먼 길이라도 배우려고 다니는 학생들의 모습은 아름답다. 아름다운 모습을 찍으려고 차에서 내렸다. 학생들이 입은 비옷에 검은 가루들이 눈처럼 쌓이고 있었다. 산 아래서 산꼭대기까지 걸어서 등하교하는 것도 힘들 터인데 저런 먼지 비까지 맞아 가면서도 미소를 짓는 학생들이 나는 좋았다. 화산의 먼지가 날아와서 지금은 많이 불편하지만 브로모를 찾아 주는 관광객이 있어 좋다는 학생, 유명한 브로모에 살아서 좋다는 학생, 나는 먼지가 잔뜩 내려앉은 모자를 벗어 털면서 학생들에게 손뼉을 쳐 주면서 "너희들은 멋진 학생들이다"라고 말해 주었다.

그들은 브로모를 믿고 살아가는 떵거르족 자녀들이었다. 떵거르족들에게는 브로모의 전설 까사다^{kasada}가 있다. 수백 년 전 족자에서 힌두인들이 이슬람 세력에 못 이겨 발리로 도망갈 때 일부는 브로모 산으로 숨어들었다. 브로모 산 주위에는 마자빠힛 왕국에서 온 로로안떵^{ROROANTENG} 공주와 브라마나 출신의 왕자 조꼬스거르$^{JOKO\ SEGER}$가 살았다. 그들의 결혼을 러시다다뿌띠가 축복해 주었다. 그 뒤 조꼬스거르는 '뿌르보위세소 망꾸랏 잉 떵거르$^{Purbowiseso\ Mangkurat\ Ing\ Tengger}$'라는 호칭의 왕위를 즉위받았다. 떵거르^{TENGGER}는 로로안떵^{Roroanteng}의 떵과 조꼬스거르$^{Joko\ Seger}$의 거르 이름에서 따온 것이다. 그때부터 브로모 산에 사는 사람들은 떵거르^{Tengger}라고 부르게 되었다. 그들은 결혼하였지만 한편으로 왕위를 이어 갈 자식을 갖지 못했다.

▶ 2007년 8월 까사다 제 지내러 가는 떵거르족 행렬

그들은 와뚜꾸따^{Watu Kuta}라는 곳으로 가서 명상을 하며 상향위뒤와사에게 자식을 점지해 달라고 지극정성으로 기도했다. 명상의 기도를 하는 그들에게 어디선가 신비한 음성이 들려왔는데, "내가 너희에게 자식 25명을 주겠다. 그러나 훗날 한 명은 데리고 갈 것이다." 몇 년 후 로로 안떵 왕은 첫아이를 얻었고 신비의 음성대로 해마다 자식을 낳아 약속대로 25명의 자식들을 다 낳았다. 라덴꾸수마라는 이름을 가진 막내가 10살 되었을 무렵, 왕은 그 신비의 목소리가 떠올랐다. 까사다달 14일, 보름달이 뜨기 하루 전 아이들을 데리고 뻐난자깐 산에 갔다. 아이들은 신 나게 뛰어놀고 있었는데 갑자기 브로모에서 불덩이들이 솟아오르면서 아이들이 있는 산까지 불덩어리가 튀었다. 한참 후 불이 사라지고 아무리 찾아보아도 가장 사랑하는 막내 라덴꾸수마가 없어진 것을 알고 모든 형제들은 슬퍼서 울며 통곡했다.

그때 화산이 폭발한 분화구에서 사라진 막내 목소리가 들렸다.

"나의 형제들이여, 나를 찾지 말아 주세요.

나는 우리 형제들을 대표로 이곳 상향위뒤와사가 있는 곳에서 행복합니다.

형제들은 우애하며 화목하게 그리고 행복하게 살아가세요.

상향위뒤와사가 늘 형제들에게 풍족함을 주실 겁니다.

▶ 2010년 8월. 한낮의 브로모

▶ 2011년 4월. 폭발한 브로모

그리고 형제들이여 잊지 마세요.

형제들이 추수해서 얻은 농산물을 조금 남겨 뒀다가 나를 위해 브로모에 넣어 주세요.

그날은 매년 까사다달 14일 보름달이 뜰 무렵입니다."

그 일이 있은 후 떵거르족들은 매년 까사다월^{8~9월경} 14일마다 소 한 마리와 추수한 걸 조금 모아서 브로모 분화구에 넣는다. 까사다^{라덴꾸수마} 희생을 추모의 전설이다.

<지구촌뉴스> 2007년 8월 방송

▶ 먼지 비 때문에 비옷 입고 하교하는 학생들

▶ 비가 내리자 자동차 유리창을 닦아도 앞이 보이지 않았다.

저자 김성월은

경상북도 의성에서 태어나 대구에서 살다가 1998년 인도네시아로 이주한 후

2005년 7월에 <미디어다음> 제 3기 통신원으로 그리고

2005년 8월에는 재외동포재단의 <KNN> 통신원으로 활동하면서

2006년 1월 <KBS월드넷> 통신원 활동 중 TV 방송 프로그램 현지 취재 및

코디네이터를 시작하였다.

KBS 2TV <지구촌 뉴스> 및 SBS <지구촌 VJ특급>의 현지 VJ로 활동하였고

KBS <환경스페셜>, <VJ특공대>, <러브 인 아시아>, MBC <김혜수의 W>, <TV

특종 놀라운 세상> SBS <에코프로포즈>, <모닝와이드>, EBS <세계테마기행>,

<극한직업>, TV조선 <아시아 헌터>와 JTBC <리버오디세이> 등.

7년 동안 그녀가 현장에서 취재, 코디 및 출연한 프로그램은 총 172편이다.

재 인도네시아 한인회보 한인뉴스에 '별과 달이 비추는 오지의 마을' 4년간 연재했

으며 재 인도네시아 문인협회 회원이며 고향인 의성의 의성문인협회 회원이다.

그러니까 인도네시아지!
: 착한 땅, 착한 사람들 이야기

초판발행	2012년 10월 5일
초판 3쇄	2019년 1월 11일

지은이	김성월
펴낸이	채종준
펴낸곳	한국학술정보(주)
주소	경기도 파주시 문발동 파주출판문화정보산업단지 513-5
전화	031) 908-3181(대표)
팩스	031) 908-3189
홈페이지	http://ebook.kstudy.com
E-mail	출판사업부 publish@kstudy.com
등록	제일산-115호(2000.6.19)

ISBN	978-89-268-3817-4 03910 (Paper Book)
	978-89-268-3818-1 05910 (e-Book)